Arnt Cobbers

Architekturführer Berlin

Die 100 wichtigsten Bauwerke

Mit Fotografien von Günter Schneider

Jaron Verlag

Alle aktuellen Fotos: Günter Schneider

Erweiterte Neuausgabe
1. Auflage dieser Ausgabe 2017

www.jaron-verlag.de
Umschlaggestaltung: Bauer+Möhring, Berlin, unter Verwendung eines Fotos von Günter Schneider (Jüdisches Museum Berlin)
Satz und Layout: Prill Partners | producing, Barcelona
Lithografie: Bild1Druck GmbH, Berlin
Karte: Matthias Frach, Berlin
Druck und Bindung: Westermann Druck Zwickau GmbH, Zwickau

ISBN 978-3-89773-424-1

Inhalt

Vorwort

Berlin ist baugeschichtlich keine einfache Stadt. Seine bauliche Substanz hat immer wieder arg leiden müssen, nicht erst durch den verheerenden letzten Weltkrieg. Oft genug in der 800-jährigen Stadtgeschichte verband sich wirtschaftlicher Aufschwung mit einem neuen Selbstgefühl, das in Architektur umgesetzt zu werden verlangte, ohne Rücksicht auf ältere, gewachsene Strukturen.

Zwar gab es auch in Berlin immer starke Stimmen für den Denkmalschutz – Schinkel kann als einer seiner Wegbereiter in Deutschland gelten –, doch ein Vorbild für den behutsamen Umgang mit historischer Bausubstanz ist Berlin nie gewesen. Das hat sich bis heute nicht geändert, man denke nur an den weitgehenden Abriss des alten Hotels Esplanade, während vis-à-vis der Nachbau des untergegangenen Hotels Adlon entstand. Oder an den Abriss des zehn Jahre zuvor mustergültig restaurierten Lehrter Stadtbahnhofs, der sich als einziges Gebäude weit und breit nicht in die Planungen des neuen Zentralbahnhofs eingliedern ließ.

Dennoch gibt es für den, der mit wachen Augen durch die Stadt läuft, Erstaunliches und Wunderbares zu entdecken. Das vorliegende Buch will die Aufmerksamkeit auf Übersehenes, vielleicht noch nicht Wahrgenommenes lenken und Qualitäten erkennbar werden lassen, die sich dem schnellen Blick nicht unbedingt erschließen. Doch um ein Gespür für Neuartiges und Konventionelles zu entwickeln, ist es nötig, die Bauten in den Kontext der Geschichte einzuordnen; man muss wissen, was vorher geschah.

Folgerichtig ist dieser Band chronologisch aufgebaut – soweit möglich und sinnvoll. Zur Orientierung sind die Epochennamen angegeben, auch wenn eine Kategorisierung vor allem in der Architektur des 20. Jh. nicht immer eindeutig ist. So trägt beispielsweise die Architektur des Nationalsozialismus bis heute kein allgemein gebräuchliches Etikett, und die Abgrenzung zwischen Moderne und Postmoderne ist noch umstritten.

100 Bauwerke auszuwählen ist angesichts der Größe der Stadt keine leichte Aufgabe. Zwangsweise muss die Auswahl subjektiv bleiben, doch standen zwei Gesichtspunkte im Vordergrund. Zum einen sollten die Objekte touristisch erschlossen sein. Interessante Bauwerke, die zu besichtigen eine weite Entdeckungsreise erforderlich machen würde, mussten zurückstehen. Dagegen wurden zahlreiche Bauten in den zentralen Bereichen Unter den Linden und City-West aufgenommen, die, für sich betrachtet, nicht unbedingt zu den 100 bedeutendsten zählen würden.

Zum zweiten sollen die 100 Bauwerke einen Überblick über die Berliner Baugeschichte vom 13. Jh. bis heute geben. Zwei Epochen sind dabei besonders stark vertreten, und diese sind es auch – ohne vielen bedeutenden Einzelwerken und ihren Schöpfern unrecht tun zu wollen –, die Berlins Rang in der Architekturgeschichte sichern: die Schinkel-Zeit und die 1920er-Jahre.

Auch zeitgenössische Bauten der letzten 25 Jahre sind überproportional vertreten. Hier wird allerdings erst die Geschichte entscheiden, welche Architektur wegweisend sein und Bestand haben wird.

Die Baugeschichte Berlins

Berlin ist älter, als es auf den ersten Blick scheint. Immerhin konnte man in Ost und West 1987 die 750-Jahr-Feier begehen, bei der aber nur der ersten Erwähnung der Berliner Schwesterstadt Cölln gedacht wurde. Berlin ist sicherlich mehr als 800 Jahre alt. Leider gibt es kaum Urkunden aus der Frühzeit der Stadt, vermutlich sind sie bei mehreren Stadtbränden untergegangen.

Als mit der Eroberung Brandenburgs 1157 das Gebiet zwischen Elbe und Oder endgültig unter deutsche Herrschaft gekommen war, warben die neuen Landesherren, die Markgrafen und ihre Ritter, Siedler aus dem Westen des Reiches in die weiten, dichtbewaldeten und nur dünnbesiedelten Landstriche. Innerhalb von rund 150 Jahren entstand ein dichtes Netz von Dörfern, deren Grundriss ganz ähnlich war: Es handelte sich um Straßendörfer, in deren Zentrum sich der Dorfanger mit dem einzigen Steinbau, der Kirche, befand. Noch heute findet man in den Berliner Bezirken eine ganze Reihe dieser granitenen Dorfkirchen, und oft hat sich der Grundriss des Dorfangers erhalten, sogar dort, wo die Bebauung nichts Dörfliches mehr aufweist, wie z. B. in Wilmersdorf oder in Schöneberg.

Die Spree bildete damals mit ihrer sumpfigen Niederung eine Barriere, die nur an wenigen Stellen zu überqueren war. Auf dem heutigen Berliner Stadtgebiet gab es drei Furten, von denen zwei durch Burgen geschützt waren: Köpenick und Spandau. An beiden Orten siedelten sich, neben älteren slawischen Siedlungen, deutsche Kaufleute an, beide erhielten im 13. Jh. Stadtrechte. Doch während Spandau florierte und zu einer der wichtigsten Städte der Region wurde – tatkräftig gefördert durch die Markgrafen –, konnte sich Köpenick nie gegen das aufstrebende Berlin durchsetzen.

Genau in der Mitte zwischen Köpenick und Spandau verengt sich das Spreetal zwischen den Hochflächen des Barnim im Norden und des Teltow im Süden. Hier gab es einige Talsandinseln, die den Übergang über den Fluss ermöglichten und außerdem festen Baugrund gewährleisteten. In den letzten Jahrzehnten des 12. Jh. entstanden Raststätten der Kaufleute an beiden Ufern, aus denen feste Siedlungen erwuchsen: südlich auf einer Spreeinsel die Stadt Cölln, nördlich Berlin. Schon früh errichtete man eine Brücke, den Mühlendamm, der die Spree aufstaute und den Betrieb von Mühlen – und später auch die Umleitung des Flusses in den schützenden Stadtgraben – ermöglichte. Während die Stadt Cölln auf den Südteil der Spreeinsel beschränkt war – der Nordteil war sumpfig –, besaß das ohnehin doppelt so groß angelegte Berlin Ausdehnungsmöglichkeiten. Wohl so ist es zu erklären, dass zwar bis ins 18. Jh. beide Städte selbstständig waren, wenn auch zeitweilig mit einem gemeinsamen Rathaus auf einer Spreebrücke, doch oft einfach als Berlin bezeichnet wurden – der Name, unter dem sie schließlich 1709 vereinigt wurden.

Vom alten Cölln ist nichts mehr erhalten, Zentrum der Siedlung war der Fischmarkt mit der Petrikirche, die zuletzt im 19. Jh. neu errichtet und 1963 nach Kriegsschäden abgetragen wurde. Der zweite Brückenkopf, der Molkenmarkt, wurde das erste Zentrum Berlins, und unweit nördlich errichteten die Siedler ihre erste Kirche, St. Nikolai, dem Patron der Kaufleute gewidmet.

Die Doppelstadt entwickelte sich rasch, begünstigt durch den beachtlichen Verkehrsstrom von Süden und von Magdeburg nach Stettin, der hier die Spree überqueren konnte. Bald trieben Berliner Kaufleute Handel mit Polen und den Ostseestädten, mit Hamburg und sogar mit Flandern. Seit 1359 ist Berlin als Mitglied der Hanse bezeugt. Die wirtschaftliche Blüte ermöglichte den Bau dreier stattlicher Kirchen und einer steinernen Mauer, die um 1320 fertiggestellt wurde. Ebenfalls im zweiten Jahrzehnt des 13. Jh. entstand nahe dem Franziskanerkloster das Hohe Haus, der Stadtsitz der Markgrafen, die – wie alle mittelalterlichen Regenten – von Burg zu Burg übers Land zogen. Berlin begann die beiden anderen bedeutenden Städte der Region, Brandenburg / Havel (übrigens ebenfalls eine Doppelstadt) und das etwas jüngere Frankfurt / Oder, zu überflügeln. Ende des 14. Jh. stand es an der Spitze des mittelmärkischen Städtebundes.

Die glorreiche Epoche der selbstbewussten Kaufmannsstadt endete im 15. Jh. Nach langen Jahren schwacher Landesherrscher wurde 1415 Friedrich von Hohenzollern Markgraf von Brandenburg, der seit 1348 gleichzeitig einer der sieben Kurfürsten des Reiches war (jenem Gremium, das im Dom zu Frankfurt / Main den deutschen König wählte). Er ließ ab 1443 im Norden Cöllns ein festes Schloss errichten, das ab 1470 zur festen Residenz der Kurfürsten und zum Sitz der obersten Behörden und Gerichte wurde – gegen den erbitterten Widerstand der Bürgerschaft, deren Rechte von den Kurfürsten nach und nach immer mehr beschnitten wurden.

Berlin wurde zur Residenzstadt und erhielt so neue wirtschaftliche und geistige Impulse. Nach mehreren Pestwellen und den Auswirkungen des Dreißigjährigen Kriegs erfolgte der Ausbau zur ansehnlichen Residenzstadt erst in der Barockzeit unter Friedrich Wilhelm, dem Großen Kurfürsten (1640–88), der die ca. 6000 Einwohner fassende Stadt zur Festung ausbauen und die Neustädte Friedrichswerder (ab 1662) und Dorotheenstadt (ab 1668) sowie die Linden anlegen ließ. Zudem brachte das Edikt von Potsdam 1685 zahlreiche Hugenotten (evangelische Glaubensflüchtlinge aus Frankreich) in die Stadt, die in der Folge Wirtschaft und Kultur maßgeblich prägten. 1710 zählte Berlin bereits 56 000 Einwohner.

Ein neuer Abschnitt in der Baugeschichte Berlins begann mit Friedrich III., der sich 1701 in Königsberg zum preußischen König (Friedrich I.) krönte. Denn mit seinem neuen Titel verband er nicht nur den Wunsch nach angemessenem Zeremoniell, sondern auch nach repräsentativer Architektur, die im Vorgriff seit seinem Regierungsantritt 1688 verwirklicht wurde. Mit dem Schloss Charlottenburg, dem Zeughaus und vor allem der prachtvollen Erweiterung des Stadtschlosses (mit dem leider wieder eingestürzten Münzturm von Schlüter) entstanden erstmals in Berlin Bauten von internationalem Rang. War in den Jahrzehnten zuvor die niederländische Baukunst das Vorbild gewesen (bedingt durch die persönlich-familiären Beziehungen und Vorlieben des Großen Kurfürsten), so gewann die Berliner Architektur unter den Architekten Andreas Schlüter, Eosander von Göthe oder Jean de Bodt nun Anschluss an den internationalen, von Frankreich und Italien vorgegebenen „Standard". Friedrichs Ansprüche ruinierten allerdings fast die Staatskassen, sodass sein Sohn Friedrich Wilhelm I., der Soldatenkönig, dem ein Ende machte und die herrscherliche Repräsentation auf ein Minimum beschränkte. Dennoch war damit eine Baubewegung in Gang gekommen, die das ganze 18. Jh. über anhielt und die Stadt nachhaltig prägte.

Ab 1734 wurde das alte Festungswerk beseitigt und eine niedrigere „Akzisemauer" (gegen die Desertion zahlreicher Soldaten und zur Zollerhebung) um ein nun wesentlich erweitertes Stadtgebiet angelegt, das noch heute anhand der Straßen- und Platznamen gut nachvollziehbar ist. Große Flächen innerhalb der Mauer waren bis Mitte des 19. Jh. unbebaut.

Mit Friedrich II., dem Großen (1740–86), stieg Preußen in die Reihe der europäischen Großmächte auf, und Berlin wurde architektonisch, aber auch kulturell und geistig zu einer Metropole von europäischem Rang. Die führenden Architekten des „friderizianischen Barock" waren Knobelsdorff, Gontard, Unger und die Familie Boumann. Kennzeichen dieser Epoche sind die eleganten, aber manchmal auch klassizistisch strengen Fassaden, während in der Innenarchitektur die verspielten, schwelgenden Formen des (französisch beeinflussten) Rokoko dominieren.

Viel später als im übrigen Europa, erst mit dem Tod Friedrichs d. Gr. 1786, hielt der Klassizismus im werdenden „Spree-Athen" Einzug. Antike, vor allem griechische Vorbilder wurden nun maßgeblich. Berühmtestes Beispiel dafür ist das Brandenburger Tor, das Carl Gotthard Langhans nach dem Vorbild der Propyläen in Athen entwarf. Der Aufschwung der Berliner Baukunst nach den Jahren der napoleonischen Besetzung verbindet sich mit dem Namen Karl Friedrich Schinkels, dessen Bauten sich durch klare kubische Formen, ausgewogene Proportionen und durch den Bezug auf antike Vorbilder auszeichnen. Mehr als ein halbes Jahrhundert lang prägten er und seine Schüler das Bild der Stadt.

Erst mit der Reichsgründung 1871 begann wieder eine neue Epoche: der Historismus, der kurioserweise ausgerechnet aus Frankreich kam, der gerade besiegten Nation, und für etwa 40 Jahre das Baugeschehen dominierte. Der nüchterne, „disziplinierte" Klassizismus musste nun einer „lauten" Prunkarchitektur Platz machen, die sich hemmungslos aus dem Fundus der Renaissance- und Barockformen bediente. Es entstanden wild bewegte, oft überladene Fassaden.

Bereits im Laufe des 18. Jh. entwickelte sich Berlin zu einer der führenden Gewerbestädte, im Laufe des 19. Jh. wurde es zur größten Industriestadt Deutschlands und einer der größten Städte des Kontinents (1834: 265 000, 1871: 826 000, 1875: 966 000, 1905: 2 040 100 Einwohner).

Rings um die neue Reichshauptstadt entstanden große Industrieareale und im Gefolge des Generalbebauungsplans von James Hobrecht 1858 bis 1861 (einer staatlichen, nicht städtischen und daher stadtgrenzenübergreifenden Planung) die großen Wohnviertel der Arbeiterschaft, die Berlin zur größten Mietskasernenstadt der Welt werden ließen.

Die Wohlhabenden zog es vor allem in die westlichen Nachbargemeinden, Berlin selbst ächzte unter den Soziallasten angesichts des hohen Proletarieranteils. Das änderte sich erst 1920, als nach vielen Jahren zähen Ringens der Durchbruch zu einer verwaltungstechnischen Großtat gelang: Aus acht Städten, 59 Landgemeinden und 27 Gutsbezirken wurde Groß-Berlin gebildet, mit einer Fläche von 880 Quadratkilometern und über vier Millionen Einwohnern die seinerzeit größte Stadt Europas.

Nachdem der Historismus schon um die Jahrhundertwende seinen Zenit überschritten hatte und immer mehr Architekten nach einer neuen, den gewandelten Zeiten angemessenen Formensprache suchten, wurde Berlin nach dem Ende des Ersten Weltkriegs zu einem Zentrum der Moderne, deren Entfaltungsmöglichkeiten aber durch die Wirtschaftskrise um 1930 eingeschränkt und durch die Machtübernahme der Nationalsozialisten unterbrochen wurden.

Die 1920er-Jahre waren geprägt vom Ausbau der Infrastruktur (Flughafen, Häfen) und dem Siedlungsbau, die Jahre nach 1933 von nationalsozialistischen Prunkbauten und gigantomanischer, aber glücklicherweise nicht mehr verwirklichter Stadtplanung (zur „Welthauptstadt Germania"). Was die Nationalsozialisten „friedlich" nicht mehr schafften, bewirkte der von ihnen angezettelte Zweite Weltkrieg: die Zerstörung großer Stadtviertel durch Luftangriffe und Straßenkämpfe bis in die letzten Tage des Kriegs, da Berlin unglücklicherweise zur „Festung" ausgerufen worden war, die bis zum letzten Mann verteidigt werden sollte. 32 Prozent der Wohnungen und 20 Prozent der Häuser Berlins waren zerstört, im Bezirk Mitte waren es 54 Prozent der Wohnungen. Noch mehr Bausubstanz fiel allerdings dem „Wiederaufbau" in den 1950er- bis 1970er-Jahren zum Opfer.

Entsprechend den Kriegsabkommen der Alliierten wurde die Reichshauptstadt in vier Sektoren aufgeteilt, aus denen sich bis 1949 „Berlin (West)" und „Berlin, Hauptstadt der DDR" bildeten. Der Ostteil der Stadt umfasste 45,6 Prozent der Gebietsfläche mit (1945) 37 Prozent der Einwohner.

Die Teilung der Stadt schlug sich natürlich auch in ihrer Architektur nieder. Beide Stadthälften wurden zu Aushängeschildern ihrer jeweiligen Gesellschaftssysteme, und ab dem Mauerbau 1961 nahmen die Planungen keine Rücksicht mehr auf die jeweils andere Stadthälfte.

Seit 1990 ist die Stadt nun wieder vereinigt, erst seit knapp drei Jahrzehnten gibt es erneut eine „Gesamtberliner" Architekturentwicklung. Die Politik als Rahmengeber stand vor der schwierigen Aufgabe, aus den zwei disparat gewachsenen Hälften eine Einheit zu bilden, die Brachen zu schließen, ohne aber die Spuren der Geschichte ganz zu tilgen oder Brüche zu glätten. Eine faszinierende Aufgabe für Stadtplaner und Architekten, aber angesichts der Entscheidungsschwäche vieler Gremien in dieser Stadt oft auch eine frustrierende Angelegenheit.

Zahlreiche Brachen sind mittlerweile bebaut und viele Lücken gefüllt. Wichtige Bauvorhaben sind abgeschlossen, andere – wie die „Europacity" nördlich des Hauptbahnhofs – nehmen gerade Gestalt an. Doch zur Ruhe wird Berlin auch in Zukunft nicht kommen. Im Gegenteil: Die Einwohnerzahl wächst nach einer langen Zeit der Stagnation, die Prognosen gehen für die nächsten Jahre von 40 000 Neu-Berlinern pro Jahr aus. Und so stellt sich den Politikern, Stadtplanern und Architekten nach einer Phase, in der vor allem Büro-, Repräsentationsbauten und Luxuswohnungen entstanden sind, wieder eine neue, dringende Aufgabe: die Schaffung von preiswertem Wohnraum in großer Zahl. Berlin wird weiter verdichtet werden und an den Rändern durch neue Siedlungen wachsen.

Noch ist es zu früh, die architektonischen und städtebaulichen Qualitäten der vielen Bauten der letzten Jahre abschießend zu beurteilen. Doch eines ist sicher: Eine solch breite Palette an – oft qualitätvoller – moderner Architektur wie in Berlin findet man in kaum einer anderen Stadt.

Die Bauwerke

St. Nikolaikirche (Mitte)

Die Nikolaikirche, geweiht dem Schutzpatron der Kaufleute, war die erste und bedeutendste Pfarrkirche des mittelalterlichen Berlin. Vermutlich um 1230 entstand als erster Steinbau eine Pfeilerbasilika aus Feldsteinen (Modell in der Kirche). Einziger erhaltener Teil ist der viergeschossige Unterbau des Westturms, ein festungsartig anmutender Bau.

Ende des 13. Jh. wurde das Langhaus zu einer backsteinernen Hallenkirche mit drei gleich hohen Schiffen umgebaut, einer Raumform, die unvermittelt in der Region in Erscheinung trat und innerhalb weniger Jahrzehnte zum alles beherrschenden Bautyp der brandenburgischen Stadtpfarrkirchen wurde. Der heutige Umgangschor wurde in den 1370er-Jahren begonnen, doch wurden die Bauarbeiten durch den Stadtbrand von 1380 unterbrochen. Wann der Chor vollendet war, ist ungewiss, vermutlich erst nach 1400. Mitte des 15. Jh. entstanden das heutige Langhaus sowie der nördliche Choranbau und die Liebfrauenkapelle im Südwesten.

Das Gebäude dient heute als Museum

Binnen- und Umgangschor sind nicht mehr wie in einer klassischen Kathedrale konzentrisch angeordnet, sondern bilden eine räumliche Perspektive. Die Brechung in so viele Wandabschnitte ist für Brandenburg ungewöhnlich und deutet auf einen hohen Prestigeanspruch hin, ebenso die Zickzack- und (gedrehten) Taustäbe im Innern. Verbunden sind die beiden Polygone durch sogenannte Springgewölbe.

Von außen wirkt der Baukörper kompakt, vor allem durch das große Dach. Im Innern ist die Außenwand durch die Kapellenzone, den Laufgang und die zurückgesetzten Wandflächen vielschichtig und transparent aufgebaut. Beim Übergang vom Chor zum Langhaus ist ein deutlicher Bruch zu sehen, und bei genauerem Hinsehen fällt auf, dass Langhaus und Chor, außen wie innen, ganz unterschiedlich aufgebaut sind. Seit dem 15. Jh. war eine Doppelturmfront geplant, doch wurde nur der Südturm mit einem hohen achteckigen Helm realisiert, der Nordturm lief in einem Giebel mit Satteldach aus.

1852 hatte die Kirche nur einen Turmhelm

Der symmetrische Aufbau mit den zwei Helmen ist das Werk Hermann Blankensteins von 1876–78. Nach schweren Kriegszerstörungen wurde die Kirche 1980–87 zur 750-Jahr-Feier Berlins wiederhergestellt und die ursprüngliche Farbigkeit rekonstruiert. Sie dient heute als sakrales Museum.

Architektur
Gotik
Turmunterbau: um 1230; Chor: um 1380; Langhaus: um 1460; Doppelturmfront: 1876–78
Adresse
Mitte, Nikolaiviertel
www.stadtmuseum.de
Öffnungszeiten
tägl. 10–18 Uhr, Tel. 030 / 24 00 21 62
Anfahrt
S / U Alexanderplatz, U Klosterstraße, Bus 100

St. Marienkirche

Die Marienkirche entstand als Pfarrkirche der Neustadt. Wann diese Stadterweiterung mit ihrem regelmäßigen Straßenraster angelegt wurde – ob bei der Verleihung des Stadtrechts um 1230 oder erst später –, weiß man nicht. Ebenso wenig sind die Baudaten der Marienkirche überliefert. 1294 muss sie bereits benutzbar gewesen sein. Nachweislich wurde sie bei einem der beiden großen Stadtbrände 1376 und 1380 beschädigt und möglicherweise verändert wiederhergestellt. Der Bautyp stammt jedoch eindeutig aus dem 13. Jh. und unterscheidet sich grundsätzlich von der in ihrer Architektur jüngeren Nikolaikirche.

Carl Gotthard Langhans schuf den Turmaufsatz

Charakteristisch ist die Längsstreckung des Grundrisses. Durch die breiten Scheidbögen sind die drei Schiffe deutlich getrennt, die breiten Arkaden zu den Seitenschiffen weiten jedoch den Raum, sodass sich kein Höhenzug bemerkbar macht, wie er für die klassischen Kathedralen typisch ist. Der Chor ist einschiffig und wirkt nur im Außenbau – durch das Dach – niedriger.

Die Raumform ist von Bettelordenskirchen übernommen. Dominikaner und Franziskaner waren damals außerordentlich erfolgreich, ihre Architektur hat vielfach auf die Bauten der Stadtpfarrkirchen gewirkt. Die charakteristische Form der kelchförmigen Bündelpfeiler, die später auch für St. Nikolai übernommen wurde, hat ihr Vorbild in der leider kriegszerstörten, heute nur noch als Ruine stehenden Franziskanerkirche (Klosterstraße) und ist als Reminiszenz an die Bündelpfeiler der klassischen Kathedralen zu verstehen.

Die schräggestellten Strebepfeiler im Westteil des Außenbaus zeigen, dass der urtümlicher wirkende, aus Findlingen gearbeitete Westteil jünger ist. Der Turm stammt aus dem 15. Jh., der heutige kupferne Aufsatz, eine Mischung aus barocken und neogotischen Stilelementen, ist ein Werk Carl Gotthard Langhans', des Baumeisters des Brandenburger Tors (1789/90). Die Südansicht mit den vier gleichförmigen Giebeln entstand 1893 unter Einbeziehung der Sakristei des 14. Jh. durch Hermann Blankenstein.

Heilig-Geist-Kapelle an der Spandauer Straße

Glanzstücke im Innern sind die prächtige Kanzel von Andreas Schlüter (1702 / 03), die Orgel von 1720–23 (Prospekt von Johann Georg Glume) und vor allem das Freskogemälde „Totentanz" in der Turmhalle, der vermutlich nach der Pestepidemie von 1484 entstand.

Nahe der Kirche liegt an der Spandauer Straße 1–2a ein weiterer mittelalterlicher Bau: die ehemalige Kapelle des Heilig-Geist-Spitals, 1313 erstmals genannt, mit einem Sterngewölbe von 1476. Sie wurde 1905 / 06 in den Bau der Handelshochschule einbezogen und soll nach Abschluss der Sanierungsarbeiten als Festsaal der Wirtschaftsfakultät der Humboldt-Universität genutzt werden.

Architektur
Gotik
13. u. 14. Jh. mit späteren Zusätzen
Adresse
Mitte, Karl-Liebknecht-Straße 8
www.marienkirche-berlin.de
Öffnungszeiten
tägl. 10–18 Uhr, Tel. 030 / 24 75 95 10
Anfahrt
S / U Alexanderplatz, Bus 100

St. Nikolaikirche (Spandau)

Wer in Berlin altstädtisches Flair erleben will, muss nach Spandau fahren. Lediglich hier blieb nicht nur die mittelalterliche Straßenführung bewahrt, sondern durch die alte Bebauung auch der kleinstädtische Charakter – leider getrübt durch Bausünden wie das Karstadt-Kaufhaus.

Spandau ist älter als Berlin. Wohl seit dem 10. Jh. gab es südlich der heutigen Altstadt einen slawischen Burgwall, nördlich wurde im 12. Jh. auf einer Insel die askanische Festung, die heutige Zitadelle, angelegt. In ihrem Schutz, begünstigt durch die Lage an der Mündung von Spree und Havel, entstand seit Ende des 12. Jh. die Kaufmannssiedlung, der 1232 das Stadtrecht verliehen wurde.

Teil des Altaraufsatzes aus dem 16. Jh.

Die Nikolaikirche war die Pfarrkirche dieser wohlhabenden Kaufmannsstadt und Sitz eines Propstes. Zu ihrer Baugeschichte sind keine Quellen überliefert, doch haben dendrochronologische Untersuchungen ergeben, dass das Holz des Dachstuhls im Winter 1368 / 69 geschlagen wurde. Und da man weiß, dass das Holz im Mittelalter ziemlich schnell verbaut wurde, muss der gesamte Bau wohl in die 1360er-Jahre datiert werden. Der Übergang von den Chorpfeilern zum Gewölbe legt die Vermutung nahe, dass ursprünglich ein anderes Gewölbe geplant war, doch wirkt die Kirche im Ganzen sehr einheitlich.

Es handelt sich demnach um eine der ältesten Hallenkirchen mit Chorumgang überhaupt. Das Schema ist ähnlich dem der Berliner Nikolaikirche. Auch hier sind Binnenchor und Außenwand nicht wie in der Hochgotik konzentrisch aufgebaut. Die Außenwand ist über sieben Seiten eines Vierzehnecks gebrochen, der Binnenchor nur dreifach. Alternierende vier- und dreiteilige Gewölbe verbinden die beiden Polygone.

Die Spandauer Nikolaikirche ist mit vier Langhausjochen wesentlich kürzer als ihr Berliner Pendant, ihre Einzelformen sind einfacher (man denke an die Berliner Innenwand mit Kapellenkranz und Laufgang oder an die aufwendigen Bündelpfeiler mit ihren Zickzackmotiven). Chor und Langhaus sind in Spandau einheitlich gestaltet, der kurze Chor ist in seiner Raumwirkung geschickt durch zwei symmetrisch angefügte zweigeschossige Nebenkapellen erweitert. So ist die Kirche insgesamt ausgewogen proportioniert und vermittelt ein in sich ruhendes Raumgefühl.

Der massive Westturm entstand 1467 / 68, eine hohe Spitze überrag-

te einst alle anderen Türme der Mark Brandenburg. Der heutige barocke Aufsatz stammt von 1740–44, die gotisierenden Blendarkaden sind Zutaten von Schinkel. Im Zweiten Weltkrieg wurde die Kirche schwer beschädigt, bis 1958 jedoch wiederhergestellt, wobei die barocken Emporen fortfielen.

Architektur
Gotik
1360er-Jahre; Turm: 1467–68; Turmaufsatz: 1740–44
Adresse
Spandau, Reformationsplatz 1
www.nikolai-spandau.de
Öffnungszeiten
Mo–Fr 12–16 Uhr, Sa 11–16 Uhr, So 14–16 Uhr, Tel. 030 / 333 56 39
Anfahrt
U Altstadt Spandau

Dorfkirche Dahlem / St. Annenkirche

Die Berliner Stadtgrenzen umschließen eine Vielzahl von ehemaligen Dörfern, ausnahmslos Gründungen der Kolonisierungsphase bis etwa 1300. Sie sind fast immer als Angerdörfer angelegt, deren Form im Stadtplan noch häufig auszumachen ist. Einzige bauliche Reste aus dem Mittelalter sind die alten Dorfkirchen, von denen über 20 noch erhalten sind, wenn auch teilweise umgebaut und ergänzt – oft brach man größere Fenster in die Mauern und setzte neue Türme auf. (Das älteste und einzige erhaltene Beispiel einer „klassischen" Dorfkirche des 13. Jh. ist die Kirche in Marienfelde, fast am südlichen Stadtrand gelegen. Als einzige zeigt sie das archetypische Zusammenspiel vier verschiedener Bauteile: breitrechteckiger Westturm mit Satteldach, rechteckiger Gemeinderaum, schmalerer und niedrigerer quadratischer Chor und noch niedrigere halbrunde Apsis.)

Die nach Erweiterungen aufwendigste Dorfkirche, und dank der Nähe zum Dahlemer Museumskomplex und zur Domäne Dahlem häufiger besucht, ist die Annenkirche, die untypisch nahe der Kreuzung zweier alter Landstraßen liegt, umgeben von einem Friedhof. Der Backsteinbau auf einem Feldsteinsockel entstand in mehreren Phasen. Die Fundamente, möglicherweise auch die unteren Teile des einschiffigen Langhauses dürften noch aus dem 13. Jh. stammen. Zwei Fenster auf der Nordseite und ein vermauertes auf der Südseite zeigen romanische Rundbögen, ein vermauertes Südportal weist bereits Spitzbögen auf.

Im 15. Jh. wurde die Kirche um den polygonalen, gewölbten Chor erweitert. Sein Grundriss wie auch die vier großen Fenster mit ihrem einfachen, zeittypischen Maßwerk zeugen vom Einfluss der „großen" Architektur, hier konkret der Stadtpfarrkirchen von Berlin und Spandau, auf den Dorfkirchenbau. Wohl gleichzeitig entstand die mit einem Fachwerkgiebel geschmückte Grabkapelle nördlich des Chors, die heutige Sakristei.

Vermutlich erst nach dem Dreißigjährigen Krieg, in dem die Kirche schwer gelitten hatte, wurde das Langhaus erhöht, das Putzband dürfte den oberen Abschluss der alten Wand markieren. Aus dieser Zeit stammen die zwei großen Fenster in der Südseite des Langhauses, der zuvor flach gedeckte Saal wurde eingewölbt. Der Holzturm stammt von 1781, der Helm von 1953. 1832–49 diente der Turm als Relaisstation der Telegraphenlinie Berlin–Koblenz.

Ende des 19. Jh. entdeckte man einige alte Fresken an den Langhauswänden, die inzwischen mehrfach restauriert wurden. Sie zeigen Szenen aus dem Leben Christi und der heiligen Anna, die auch im Zentrum des schönen Schnitzaltars aus dem 16. Jh. steht.

Architektur
Gotik
13. Jh.; Chor: 15. Jh.; mehrfach verändert
Adresse
Dahlem, Königin-Luise-Straße / Ecke Pacelliallee
www.kg-dahlem.de
Öffnungszeiten
Sa / So 11–13 Uhr, Tel. 030 / 841 70 50
Anfahrt
U Dahlem Dorf

Jagdschloss Grunewald

Das Jagdschloss Grunewald ist der älteste erhaltene Schlossbau im Berliner Stadtgebiet. Vom ersten Stadtschloss, das als Backsteinbau in den Jahren 1443–51 entstand, war bis zur Sprengung 1950 nur noch ein runder Turm an der Spree, der „Grüne Hut", erhalten. Und auch das bedeutende Renaissanceschloss, das auf Geheiß des Kurfürsten Joachim II. ab etwa 1540 errichtet wurde, ist restlos verschwunden.

Das Jagdschloss „Zum grünen Wald", das dem einstigen Spandauer Forst seinen Namen gab, ist das besterhaltene einer ganzen Reihe von Jagdhäusern, die der Kurfürst in den Wäldern rings um die Residenz errichten ließ. Einst lag es direkt am Grunewaldsee, dessen Wasserspiegel beträchtlich gesunken ist. Ein Graben machte es bis 1709 zum Wasserschloss.

Kurfürst Joachim II. ließ das Schloss bauen

Architekt war vermutlich Caspar Theiß, der Baumeister des Stadtschlosses. Die heutige Außenansicht ist jedoch wesentlich durch die barocke Umgestaltung der Gesamtanlage unter Johann Arnold Nering und Martin Grünberg (1669–1709) bestimmt.

Der von niedrigen Wirtschaftsgebäuden zu drei Seiten eingerahmte Schlossbau ist dreistöckig auf rechteckigem Grundriss. Zur Hofseite tritt ein polygonaler Treppenturm halb aus dem Baukörper hervor – ein typisches Bauelement der Renaissance. Ihm vorgelagert ist ein zweigeschossiger Portalvorbau mit Renaissancedekor und dem Baudatum 1542, von dem einst die Zugbrücke über den Wassergraben führte. Zur Seeseite rahmen zwei turmartige Trakte mit Erkern den Kernbau. Das schmucklose Gebäude ist weiß verputzt, das Untergeschoss gebändert. Das Mansarddach stammt aus der Zeit des barocken Umbaus. Vermutlich besaß das Renaissanceschloss Giebel, die Fenster waren kleiner und mit Sandsteinrahmungen versehen, wie sie sich noch am Portalbau erhalten haben.

Torbau im Ostflügel des Schlosses

Interessantester Teil der Wirtschaftsgebäude ist die Küche, deren hoher Giebel sich im Ost-

flügel neben dem Torbau erhebt. Ursprünglich war sie flach gedeckt, später wurde hier ein Gratgewölbe eingezogen.

Im Schloss befindet sich Berlins einziger erhaltener Renaissancesaal, dessen bemalte Kassettendecke erst 1973 bei Renovierungsarbeiten zum Vorschein kam. Die übrigen Räume zeigen schlichte barocke Stuckdecken.

Bis 1918 wurde Schloss Grunewald von der Königsfamilie genutzt, vor allem nach der Wiedereinführung der Parforcejagd in Preußen 1832 – die Umbauten des 19. Jh. wurden jedoch nach dem Krieg wieder rückgängig gemacht. 1932 zur Gemäldegalerie aus Beständen der ehemaligen Königsschlösser geworden, konnte es dank relativ geringer Kriegsschäden 1949 als erstes Berliner Museum wiedereröffnet werden.

Architektur
Renaissance
Caspar Theiß um 1542; Umbau: Johann Arnold Nering, Martin Grünberg 1669–1709
Adresse
Dahlem, Hüttenweg 100 (am Grunewaldsee)
www.spsg.de
Öffnungszeiten
Apr.–Okt. Di–So 10–18 Uhr, März Sa/So 10–16 Uhr, Jan./Febr. geschlossen, Tel. 030 / 813 35 97
Anfahrt
S Grunewald, Bus 115, X10, X83 mit längerem Fußweg

Zitadelle Spandau

Die Zitadelle vermittelt als eine der besterhaltenen Renaissancefestungen Deutschlands trotz mancher Beschädigungen und Zubauten noch heute einen Eindruck davon, wie man sich im 16. Jh. vor Feinden zu schützen versuchte. Die ältesten Teile der Burganlage stammen aus dem Mittelalter, der Juliusturm, das Wahrzeichen Spandaus, datiert aus dem frühen 13. Jh. und könnte das älteste Gemäuer im Stadtgebiet sein; der älteste Profanbau ist er auf jeden Fall.

Schon zu slawischen Zeiten war die Mündung der Spree in die Havel eine militärisch bedeutsame Stelle, zumal hier eine Überquerung der Spree möglich war. Archäologen haben Reste einer slawischen Burg ergraben, die im 12. Jh., nach der Machtübernahme der Askanier, durch eine steinerne Festung ersetzt wurde. Die Markgrafen hielten sich oft in der Burg Spandau auf und förderten die angrenzende Kaufmannssiedlung nach Kräften.

Der Juliusturm, benannt nach dem Schwiegersohn Joachims II., Fürst Julius von Braunschweig-Wolfenbüttel, diente als Bergfried, als letzter Zufluchtsort der Burg; sein Zinnenkranz ist eine Zutat von Schinkel. Lange Jahre diente er als Verlies für Staatsgefangene, bis 1918 wurde hier unter strenger Bewachung der „Reichskriegsschatz" gelagert, Reparationsgelder Frankreichs nach dem Krieg 1870/71. Der angrenzende Palas, das eigentliche Wohngebäude, stammt aus dem 15. Jh. (mindestens zwei Vorgängerbauten sind nachgewiesen).

Die Entscheidung, die Burg nach modernsten Gesichtspunkten der Festungsbaukunst auszubauen, fiel auf dem Landtag in Spandau 1559. Begründet wurde er vom Kurfürsten mit dem Schutz der Spandauer Bürger und seines Hofstaats im nahen Berlin. Die Pläne stammten von Francesco Chiaramella de Gandino, erster Bauleiter war Christoph Römer. Vollendet wurde der Bau 1594 unter Graf Rochus zu Lynar.

Festung und Stadt Spandau im 17. Jh. (Merian d. Ä.)

Kernfigur ist ein Quadrat, an dessen Ecken vier spitzwinklige Bastionen angesetzt sind: König, Kronprinz, Brandenburg und Königin (vom Eingang im Uhrzeigersinn). Die Festung ist von einem Wassergraben umgeben.

Die Fassade des Torhauses, in dem über dem Portal die Kommandantenwohnung lag, stammt von 1839, nur der Sandsteingiebel ist älter. Die Hofseite vermittelt einen Eindruck vom ursprünglichen Aussehen.

Im 19. Jh. kamen die Kaserne auf der Nordseite und die Magazingebäude im Osten hinzu, in den 1930er-Jahren die Bauten der „Heeresgasschutzlaboratorien", in denen 300 Mitarbeiter an der Weiterentwicklung chemischer Kampfstoffe arbeiteten.

Heute wird die Zitadelle von Kultureinrichtungen genutzt – und dient 10000 Fledermäusen als Winterquartier.

Architektur
Renaissance
Juliusturm und Palas: 13. u. 15. Jh; Festungsanlage: Francesco Chiaramella de Gandino, Christoph Römer, Rochus Graf zu Lynar 1560–94; spätere Veränderungen
Adresse
Spandau, Am Juliusturm 64
www.zitadelle-spandau.de
Öffnungszeiten
tägl. 10–17 Uhr, Tel. 030/354 94 40
Anfahrt
U Zitadelle

Ribbeckhaus

Das Ribbeckhaus ist das älteste Wohnhaus der Stadt und das einzige erhaltene Renaissancegebäude des alten Berlin. Ältere Profanbauten sind lediglich der kleine Rest Stadtmauer an der Littenstraße und die sogenannte Gerichtslaube aus dem 13. Jh., die seit 1872 – allerdings stark entstellt, nämlich gotisch purifiziert – im Schlosspark von Potsdam-Babelsberg steht. Sie ist der letzte Rest des alten Berliner Rathauses, das sich an der Stelle des heutigen Roten Rathauses befand.

Das Ribbeckhaus entstand zwei Jahre bevor Brandenburg in den für das Land, aber auch für seine Hauptstadt verheerenden Dreißigjährigen Krieg hineingezogen wurde. Laut Inschrift über dem Portal wurde es 1624 vom Geheimen Rat Hans Georg von Ribbeck und seiner Frau Katharina von Brösicke erbaut, indem zwei ältere Giebelhäuser zu einem Traufenhaus umgestaltet wurden. Doch schon vier Jahre später kaufte es die Tochter des Kurfürsten Johann Sigismund, Herzogin Anna Sophia von Braunschweig-Lüneburg, und ließ es erneut umbauen. Nach ihrem Tod 1659 wurde es vom benachbarten Marstall und später von der königlichen Oberrechnungskammer genutzt.

Alter Marstall und Ribbeckhaus um 1890

Heute braucht man einige Fantasie, um sich das ursprüngliche Aussehen des Hauses vorzustellen, denn bei einer Umgestaltung 1803/04 wurde es um ein Stockwerk erhöht, das sich durch die Dreiergruppierung der Fenster von den unteren Geschossen abhebt. Auf königlichen Befehl wurden die abgetragenen Renaissancegiebel aber wieder aufgesetzt. Nach den Kriegszerstörungen wurde die Fassade vereinfacht wiederhergestellt. Das reich skulptierte Portal zeigt für die Zeit typisches Ornament, sogenanntes Knorpelwerk, und im Giebel, von Engeln gehalten, die Wappen des Bauherrenehepaars.

Das Innere des Hauses ist völlig modern und wird u.a. von der Berlin-Abteilung der Stadtbibliothek genutzt, ebenso wie der links benachbarte Alte Marstall, das einzige erhaltene Gebäude aus der Zeit der barocken Stadterweiterung, erbaut 1665–70 von Michael Matthias

„A-Teppich" am Portal der Stadtbibliothek

Smids. Das zur Unterbringung der kurfürstlich / königlichen Pferde und Kutschen dienende Gebäude beherbergte 1699–1713 das erste Berliner Hoftheater. Links schließt sich der Neue Marstall an (Ernst Ihne 1896 bis 1902), der sich in seinen Formen an das Stadtschloss anlehnte und zur Spree hin eine monumentale Schaufront ausbildet. Rechts vom Ribbeckhaus steht die (ehem. Ost-) Berliner Stadtbibliothek von 1964 / 65, deren interessantes Portal von Fritz Kühn den Buchstaben A in 117 Variationen zeigt. Daran anschließend befindet sich ein neobarocker Bau des Landesarchivs und an der Ecke zum Mühlendamm ein 1999 fertiggestelltes Bürohaus des Hamburger Architekturbüros Schweger und Partner für die Spitzenverbände der deutschen Wirtschaft: Deutscher Industrie- und Handelskammertag (DIHT), Bundesverband der Deutschen Industrie (BDI) und Bundesvereinigung der Deutschen Arbeitgeberverbände (BDA).

Architektur
Renaissance
1624, aufgestockt 1803 / 04, Fassade vereinfacht
Adresse
Mitte, Breite Straße 35
www.zlb.de
Öffnungszeiten
Mo–Fr 10–19 Uhr, Sa 13–18 Uhr, Tel. 030 / 90 22 60
Anfahrt
U Spittelmarkt

Palais Schwerin

Nach den Verheerungen, die der Dreißigjährige Krieg und eine ganze Reihe von Epidemiewellen über Berlin und Brandenburg gebracht hatten, begann der wirtschaftliche und kulturelle Wiederaufbau erst allmählich. Die Bevölkerung war auf rund die Hälfte reduziert worden, von einst über 1200 Hausstellen vor dem Krieg waren im Jahr 1648 nur noch 750 bewohnt. Schon 1641 erhielt Berlin vom neuen Kurfürsten Friedrich Wilhelm, dem späteren Großen Kurfürsten, eine Bauordnung, die bis 1853 gültig war und langzeitige Auswirkungen auf die Bauweise in der Stadt hatte. So traten Traufhäuser an die Stelle der Giebelhäuser, und seit Mitte des 18. Jh. entwickelte sich die planmäßige Hinterhofbebauung.

Bauherr Otto von Schwerin (Savoye, um 1670)

Vom Festungsbau (1658–83 unter der Leitung des Holländers Johan Gregor Memhardt) sind keine baulichen Reste erhalten geblieben, ebenso wenig von der ursprünglichen Bebauung der drei planmäßigen Stadterweiterungen. Die ältesten erhaltenen Bürgerhäuser stammen bereits aus der Zeit, in der Berlin unter dem ersten preußischen König Friedrich I. zur prachtvollen Residenzstadt ausgebaut wurde. Beispielhaft genannt seien die Stadtresidenzen zweier Staatsminister: das Palais Podewils in der Klosterstraße und das Palais Schwerin am Molkenmarkt.

Letzteres entstand im Auftrag des Staatsministers Otto von Schwerin 1698–1704, vermutlich als Umbau zweier älterer Häuser, nach Plänen von Jean de Bodt. 1937 wurde es um einige Meter zurückversetzt und mit der neuerbauten Münze verbunden, die mit einem von Gottfried Schadow für die 1886 abgebrochene alte Münze geschaffenen Fries geschmückt ist.

Das Palais Schwerin ist ein dreigeschossiger Putzbau. Der Mittelrisalit trägt – ungewöhnlicherweise – zwei Balkone. Damit sollte kaschiert werden, dass der Eingang ursprünglich asymmetrisch unter dem rechten Balkon lag – wohl durch die Vorgängerbauten bedingt. Im Innern ist noch eine aufwendige Treppenanlage aus der Erbauungszeit erhalten.

Seit 1766 im Staatsbesitz, ging es 1794 an die Stadtregierung über und diente als Kriminalgericht und Polizeipräsidium. Nach dem Bau des neuen Polizeipräsidiums am Alexanderplatz wurde es zum Wohnhaus umgebaut. Bis 1990 beherbergte es das Kulturministerium der DDR.

Auch das nahegelegene stattliche Palais Podewils in der Klosterstraße ist ein Bau Jean de Bodts, entstanden 1701–04 und im Innenraum unter einem Nachfolger Schwerins, Staatsminister von Podewils, 1732 umgebaut. Das Innere ist modern, heute hat hier die landeseigene Kulturprojekte Berlin GmbH ihren Sitz. Der Veranstaltungssaal dient seit 2009 dem Grips Theater als zweite Spielstätte.

Architektur
Barock
Jean de Bodt 1698–1704; später verändert
Adresse
Mitte, Molkenmarkt 1–3
Anfahrt
U Klosterstraße, S / U Alexanderplatz

Schloss Köpenick

Schon lange vor dem Ausbau Berlins zur Festung hatte die askanische Burg Köpenick auf der Dahmeinsel ihre strategische Funktion eingebüßt. Unter Kurfürst Joachim II. war sie zum Jagdschloss umgebaut worden.

Kurprinz Friedrich, ab 1688 als Friedrich III. Kurfürst von Preußen und später erster preußischer König, ließ den Bau abtragen und ab 1677 durch Rutger van Langerfeld neu errichten. Sein Vater, der Große Kurfürst, hatte lange Jahre seiner Jugend in Holland verbracht, seine Hochzeit mit der oranischen Prinzessin Luise Henriette festigte die kulturellen Beziehungen zwischen beiden Ländern zusätzlich. So kamen in den Jahrzehnten nach dem Dreißigjährigen Krieg zahlreiche holländische Architekten nach Berlin, die allerdings selten über außergewöhnliche Begabungen verfügten.

Kurfürst Friedrich III. (Romandon, um 1690)

Das Schloss Köpenick war ursprünglich als eine dreiflüglige Anlage geplant, doch wurde nur der Westtrakt bis 1681 vollendet (die Fundamente des Mitteltrakts konnten ergraben werden). Der zum Hof hin ungegliederte Südteil weist auf den geplanten Weiterbau hin. Die massive Wasserfront ist durch die Zusammenfassung von zu beiden Seiten je fünf, in der Mitte drei Fensterachsen zu vorspringenden Risaliten blockhaft gegliedert. Der Mittelrisalit ist durch verschiedene Schmuckformen akzentuiert. Ähnlich ist die Hoffront gegliedert.

Das Innere ist symmetrisch angelegt und wirkt mit seinen reichen frühbarocken Stuckdekorationen schwer und feierlich.

Künstlerisch bedeutender ist die Schlosskapelle von Johann Arnold Nering, dem nach dem Tode Memhardts bedeutendsten Architekten Berlins. Der 1684/85 errichtete Bau ist drei Fensterachsen breit und ebenso tief mit anschließendem, über drei Seiten gebrochenem Chor. Die Fassade, die sich über den anspruchslosen Wirtschaftsgebäuden zu beiden Seiten erhebt (eine Entsprechung zum Schlossbau), ist mit einer ionischen Pilasterordnung geschmückt, die die Attika (die Dachverblendung) miteinbezieht und in Sandsteinfiguren (die vier Evangelisten, Moses und Melchisedek) ausläuft. Die Haube wird durch

Tafel mit Rokokoporzellan im Wappensaal

eine Laterne bekrönt. Reich, aber streng klassizistisch ornamentiert ist das hölzerne Tonnengewölbe im Innern. Im Blickpunkt steht die reichgeschnitzte Kanzel und über ihr die Holzbüste der Kurprinzessin Elisabeth Henriette, der früh verstorbenen ersten Frau Friedrichs III.

Ebenfalls von Nering stammt der zweigeschossige Galerieanbau auf der Nordseite des Schlosshofes (1688). Die Rundbögen überfingen ursprünglich große Fenster.

Nach dem Umzug Friedrichs ins Stadtschloss 1688 wurde das Schloss Köpenick nur noch sporadisch genutzt, es wurde Witwensitz, Lehrerseminar, Studentenwohnheim und 1963 Kunstgewerbemuseum. Nach zehnjähriger Generalsanierung zeigt das Kunstgewerbemuseum hier seit 2004 die Ausstellung Raumkunst.

Architektur
Barock
Rutger van Langerfeld 1677–81, Kapelle: Johann Arnold Nering 1684/85;
Galerie: Johann Arnold Nering 1688
Adresse
Köpenick, Schloßinsel 1
www.smb.museum
Öffnungszeiten
Okt.–März Do–So 11–17 Uhr, Apr.–Sept. Di–So 11–18 Uhr,
Tel. 030/266 424 242
Anfahrt
Tram 27, 60, 61, 62, 67, 68, Bus 164, 167

Schloss Friedrichsfelde

Verbunden mit der Rangerhöhung des brandenburgischen Kurfürsten zum preußischen König war nicht nur der architektonische Ausbau der Residenzstadt, in deren Zentrum der prächtige Erweiterungsbau des Schlosses von Andreas Schlüter und Eosander von Göthe stand. Auch die Umgebung Berlins entwickelte sich zu einer richtigen Residenzlandschaft, in der der König rastlos mit seinem Tross von Schloss zu Schloss umherreiste: Neben die älteren Bauten in Köpenick, Potsdam (Stadtschloss) und Oranienburg traten nun die neuen Gebäude in Niederschönhausen (von Nering und Eosander), die heute verschwundenen Schlösser Rosenthal und Blankenfelde und als prächtigster Bau das Schloss Charlottenburg.

Markgraf Albrecht Friedrich (Romandon, 1695)

Das Schloss Friedrichsfelde, ein weiterer stattlicher Barockbau, entstand 1695 als Landhaus des Generaldirektors der kurfürstlichen Marine, Benjamin Raulé, vermutlich nach Plänen von Johann Arnold Nering. Nach dem Sturz Raulés (der diesen für drei Jahre in den Spandauer Juliusturm brachte) fiel es an den Kurfürsten, der es 1717 Albrecht Friedrich aus der abgespaltenen Familienlinie der Markgrafen von Brandenburg-Schwedt schenkte. Der neue Besitzer ließ es 1719 von Martin Böhme, Eosanders Nachfolger als Berliner Schlossbaumeister, vergrößern und prächtiger ausstatten.

Der Kernbau umfasste nur fünf Achsen, deren mittlere als Risalit vorgezogen und mit einem Balkon, einer Freitreppe und einem Dreiecksgiebel versehen war. Ionische Pilaster gliederten die Fassade, wie noch heute auf der Vorderfront zu erkennen ist. 1719 wurde das Schlösschen auf beiden Seiten um je drei Achsen erweitert. Der zum Mittelrisalit gewordene Kernbau wurde auf beiden Seiten durch einen großen Giebel gekrönt. Die heutigen Dreiecksgiebel sind wie die Form des Mansarddachs Veränderungen des frühen 19. Jh. Das Schloss wechselte häufig den Besitzer, gehörte dem jüngsten Bruder Friedrichs des Großen, dem Prinzen Ferdinand, später dem Herzog Peter von Kurland, der die Innenräume klassizistisch umgestalten ließ, und 1816–1945 der Familie von Treskow. Nach dem Zweiten Weltkrieg jahrelang vernachlässigt, wurde der Bau in den 1970er-Jahren mit neuen Fundamenten unterfangen und bis 1981 wiederhergestellt. Von der alten Inneneinrichtung blieb nur wenig erhal-

ten, darunter die reichgeschnitzte Treppe und der stuckierte Festsaal von 1785. Die restlichen Räume wurden durch Einrichtungsstücke aus anderen Schlössern und Gutshäusern stilecht ausgestattet.

Der zugehörige ausgedehnte Schlosspark, 1821 von Peter Joseph Lenné zu einem Landschaftsgarten umgestaltet, beherbergt seit 1955 den (Ost-Berliner) Tierpark.

Architektur
Barock
Kernbau: verm. Johann Arnold Nering 1695; Ausbau: Martin Böhme 1719; verändert im 19. Jh.
Adresse
Friedrichsfelde, Am Tierpark 125
www.stadtmuseum.de
Öffnungszeiten
Di, Do, Sa, So 11–17 Uhr, Tel. 030 / 51 53 14 07
Anfahrt
U Tierpark

Schloss Charlottenburg

Die heutige Anlage ist ein Konglomerat ganz unterschiedlicher Bauphasen. Weit vor den Toren der Stadt entstand 1695–99 nach Plänen Johann Arnold Nerings das Lustschloss Lietzenburg für die Kurfürstin Sophie Charlotte, der zu Ehren es nach ihrem Tod 1705 umbenannt wurde. Dieser älteste Teil umfasst den heutigen Mittelbau von elf Achsen Breite. Die Mitte der Gartenseite wird durch einen ovalen Saal betont, der wohl von einer Kuppel bekrönt werden sollte. Ab 1701 wurde das Schlösschen von Johann Eosander von Göthe zu einer repräsentativen Anlage erweitert: Beiderseits des Kernbaus wurden niedrigere, je 13 Achsen lange Flügel angebaut, die an der Gartenseite eine monumentale Fassade bilden. Zur Stadtseite hin formen zwei symmetrische schmale Flügel einen Ehrenhof. Eosander krönte das Ensemble durch einen hohen Turm mit Kuppel und Laterne, über der sich die vergoldete Glücksgöttin Fortuna erhebt.

Königin Sophie Charlotte war Namensgeberin

Westlich schließt sich die bis 1713, dem Todesjahr Friedrichs I., errichtete, 143 Meter lange Orangerie an, die durch den Pavillon in ihrer Mitte einen eigenständigen symmetrischen Bauteil bildet. Erst unter Friedrich dem Großen wurden 1740 die Arbeiten fortgeführt. Als Pendant zur Orangerie entstand – statt der ursprünglich geplanten zweiten Orangerie – der schlichte, in seinen Schmuckformen dem friderizianischen Rokoko zugehörige zweigeschossige „Neue Flügel" nach Entwürfen von Knobelsdorff, der mit seiner Rustizierung (Bänderung) des Sockelgeschosses die Wandgliederung des Kernbaus aufgreift.

Rekonstruierter Weißer Saal im Neuen Flügel

Als letzter Bauteil kam in Verlängerung der Orangerie 1787–91 das Schlosstheater nach Plänen von Carl Gotthard Langhans hinzu. Im Innern völlig umgestaltet, beherbergte es bis 2009 das Museum für Vor- und Frühgeschichte. Die künftige Nutzung ist ungewiss.

Hinter dem Schloss erstreckt sich der ausgedehnte Garten, im vorderen Teil in barocker Symmetrie, im weitaus größeren hinteren Teil als Landschaftsgarten angelegt. Beachtenswert

sind das Mausoleum der Königin Luise (Heinrich Gentz 1810–12), das ebenfalls von Langhans entworfene Belvedere (Teehaus, 1788, heute Porzellanmuseum) und der Schinkelpavillon, entstanden 1824/25 als Sommerhaus für König Friedrich Wilhelm III. Die kleine Orangerie vor dem Schloss stammt von Georg Friedrich Boumann (1790).

Das Schloss wurde im Zweiten Weltkrieg schwer getroffen. Mit seinen größtenteils rekonstruierten Räumen dient es heute als Museum.

In den zwei von hohen Dachaufsätzen bekrönten Bauten jenseits des Spandauer Damms, entstanden als Kasernen (August Stüler 1851–59), sind das Museum Berggruen (Kunst des 20. Jh.) und die Sammlung Scharf-Gerstenberg (Surrealisten und ihre Vorläufer) untergebracht.

Architektur
Barock
Kernbau: 1695–99 Johann Arnold Nering, Martin Grünberg; Erweiterung: Eosander von Göthe 1701–13; Neuer Flügel: Georg Wenzeslaus von Knobelsdorff 1740–46; Theater: Carl Gotthard Langhans 1787–91
Adresse
Charlottenburg, Spandauer Damm 10–22
www.spsg.de
Öffnungszeiten
Jan.–März Di–So 10–17 Uhr, Apr.–Okt. Di–So 10–18 Uhr,
Tel. 030/32 09 11
Anfahrt
Bus 109, 309

Zeughaus

Das Zeughaus ist das älteste Gebäude der Berliner Prachtmeile Unter den Linden – und wohl auch das schönste. Begonnen wurde es 1695 unter der Leitung von Johann Arnold Nering, nach dessen Tod Martin Grünberg, Andreas Schlüter und ab 1699 Jean de Bodt die Arbeiten fortführten. Laut der Inschrift am Hauptportal waren diese 1706 vollendet. Vermutlich war auch der Pariser Baumeister und Diplomat François Blondel maßgeblich an der Planung beteiligt. Von Schlüter stammen die über 100 Schlusssteine und die eindrucksvollen 22 Masken sterbender Krieger im Innenhof.

Errichtet wurde das Gebäude als Waffenarsenal, 1877–81 wurde es im Innern zur preußisch-brandenburgischen Ruhmeshalle und zum Militärmuseum umgestaltet. Nach schweren Kriegsbeschädigungen wurde das Haus bis 1967 wiederhergestellt und zu DDR-Zeiten als Museum für Deutsche Geschichte genutzt. Seit 1991 ist hier das Deutsche Historische Museum untergebracht.

Der Schlüterhof erhielt ein Glasdach

Die vier Fronten des um einen quadratischen Innenhof gelagerten zweigeschossigen Baus sind annähernd gleich gearbeitet, nur zu den Linden hin ist das Portal reicher gestaltet. Das Untergeschoss mit seinen rundbogigen, tief heruntergezogenen Fenstern erweckt durch die Farbgebung und die Rustizierung (die Rillen) den Anschein eines festgefügten Feldsteinsockels, doch ist das Gebäude aus Backstein gemauert. Das Obergeschoss ist durch Pilaster, Fensterbrüstungen und die Figurengruppen über den Fenstern betont. Die subtil vor- und zurückspringenden Wandfelder sowie die alternierenden Fensterverdachungen geben den langen Fassaden ihren Rhythmus, die Mitte wird durch den Risalit mit frei stehenden toskanischen Säulen betont. Die durchbrochene Attika nimmt dem Dachabschluss die Schwere, bekrönt wird der Bau durch Trophäen. Während der Außenbau in seinem Figurenprogramm den Sieg feiert, zeigt der Innenhof die Kehrseite des Kriegs: die Todesqualen sterbender Krieger.

Von 1998 bis 2003 erhielt der Bau eine rückwärtige Erweiterung und der Innenhof (Schlüterhof) eine Glasüberdachung nach Plänen von Ieoh Ming Pei. Das Museum wurde umfassend saniert, wobei die Raumgestaltungen aus der Zeit des Wiederaufbaus in den 1950er- und 1960er-Jahren beibehalten wurden.

Andreas Schlüter, dem genialen Bildhauer, war als Architekt in Berlin kein Glück beschieden. Wegen mangelhafter Bauausführung brach am 5.8.1699 ein Teil der Rückfront ein. Schlüter musste die Bauleitung an Jean de Bodt abgeben, wurde aber zum Schlossbaumeister berufen. Hier entwarf er die monumentale Schlosserweiterung, die durch den Münzturm gekrönt werden sollte. Als auch der einstürzte – wegen mangelhafter Gründung –, wurde Schlüter erneut entlassen und ging nach St. Petersburg, wo er wenige Jahre später starb.

Architektur
Barock
Johann Arnold Nering, Martin Grünberg, Andreas Schlüter, Jean de Bodt
1695–1706
Adresse
Mitte, Unter den Linden 2
www.dhm.de
Öffnungszeiten
tägl. 10–18 Uhr, Tel. 030 / 20 30 44 44
Anfahrt
S / U Friedrichstraße, U Französische Straße, Bus 100

Parochialkirche

Nachdem die Zweite Reformation durch Kurfürst Johann Sigismund 1612 gescheitert war, blieben die Reformierten in Brandenburg eine kleine Minderheit – unter ihnen die Herrscherfamilie und einige Hofleute. In Berlin gab es nur in der dem Schloss angegliederten Domkirche Gottesdienste nach reformiertem Ritus, und so wünschten sich die Gemeindemitglieder eine neue, vom Hof unabhängige Kirche. 1695 wurde unter großem Pomp im Beisein von Friedrich III. und des gesamten Hofstaats der Grundstein gelegt. Architekt war niemand Geringeres als der Leiter des gesamten brandenburgischen Bauwesens, Oberbaudirektor Nering.

Nerings Entwurf der Parochialkirche, 1694

Er wählte eine Zentralform mit einem Quadrat, an das sich vier halbrunde Apsiden anlegen. Zur Straße hin sollte ein Giebelvorbau einen repräsentativen Eingangsbereich schaffen. Als Nering noch 1695 starb, vereinfachte sein Nachfolger Martin Grünberg nach einem Einsturz des Gewölbes den Plan und errichtete statt eines Dachreiters über der Vierung einen Vorbau, auf den 1713 / 14 ein hoher Turm nach einem Entwurf Jean de Bodts aufgesetzt wurde. Er sollte das für den eingestürzten Münzturm vorgesehene Glockenspiel aufnehmen und erhielt daher ein offenes Glockengeschoss. Das Glockenspiel, das einzige der Stadt, gefiel allerdings nicht und wurde nach wenigen Jahren ersetzt. Im Volksmund hieß die Kirche „Singuhrkirche", ein „Glockenist" bediente die Anlage, die eine Touristenattraktion war.

1944 brannte die Kirche aus, der Turm stürzte ein. Seit 1991 wird der innen völlig kahle, in seiner Monumentalität beeindruckende Raum als Gotteshaus und für Kunstaktionen oder Theateraufführungen genutzt. Auf Initiative eines privaten Vereins sowie mithilfe der Lottostiftung und privater Spender konnten das Turmgeschoss mit dem Glockenspiel und die Turmspitze rekonstruiert und im Juli 2016 wieder aufgesetzt werden. Im Oktober 2016 wurde das neue Glockenspiel eingeweiht.

Am Bau der Parochialkirche war auch einer der größten Unglücksraben der Berliner Baugeschichte beteiligt: Hofmaurermeister Leonhard Braun d. Ä., allerdings auch einer der wohlhabendsten Männer seiner Zeit. Maßgeblich beteiligt am Teileinsturz der Zeughaus-Rückfront, wurde er entlassen und arbeitete dann am Portal V des Schlosses, wo er nach kurzer Zeit wegen mangelhafter Bauausführung – Teile waren herausgebrochen – er-

neut entlassen wurde. Wenige Jahre später setzte er in der Parochialkirche statt der vorgesehenen Bohlenkuppel eine massive Kuppel ein, woraufhin die östliche Außenwand unter der Last einstürzte. Braun wurde inhaftiert und musste den Schaden auf eigene Kosten beseitigen lassen.

Architektur
Barock
Johann Arnold Nering, Martin Grünberg 1695–1703; Turm: Jean de Bodt 1713 / 14
Adresse
Mitte, Klosterstraße 65–67
www.marienkirche-berlin.de
Öffnungszeiten
Mo–Fr 9–15.30 Uhr, Tel. 030 / 24 75 95 10
Anfahrt
U Klosterstraße

Sophienkirche

Unter dem Einfluss des Pietismus, der im Endeffekt eine Versöhnung zwischen Lutheranern und Reformierten anstrebte und im Kirchenbau größte Schlichtheit forderte, entstanden in der Regierungszeit Friedrichs III. / I. zahlreiche auffallend schlicht gehaltene Kirchen. Nur vier von ihnen blieben erhalten, keine allerdings in originaler Form: die Französische und die Deutsche Kirche am Gendarmenmarkt, die Parochialkirche als Ruine und die Sophienkirche.

Königin Sophie Luise (Weidemann, 1709)

Die meisten Kirchen baute Martin Grünberg, der nach dem Tod Johann Arnold Nerings dessen Projekte als Hofbaumeister übernommen, aber bald wieder an die talentierteren Kollegen Schlüter und Eosander abgegeben hatte, um sich fortan fast nur noch auf Kirchenbauten zu beschränken.

Die Sophienkirche entstand als Pfarrkirche der sich seit Ende des 17. Jh. unregelmäßig entwickelnden Spandauer Vorstadt. Deren Bewohner wandten sich 1711 an Königin Sophie Luise, die dritte Frau Friedrichs I., die ein Jahr später eine ausreichende Summe für den Bau eines Gotteshauses stiftete. Nach dem Willen des Königs, der die Stiftung genehmigen musste, sollte die Vorstadt den Namen „Sophienstadt" erhalten, doch dazu kam es nicht. Noch 1712 verfiel Sophie Luise in Depressionen, ihr Stiefsohn Friedrich Wilhelm schob sie nach seiner Regierungsübernahme 1713 in ihre Heimat Mecklenburg ab. Gegen den Willen des neuen Königs prägte der Volksmund den Namen Sophienkirche.

Die Kirche erhielt eine anspruchslose Rechteckform von sieben mal drei Achsen. Kanzel, Altar und Taufe waren zentral vor der Mitte der Südwand aufgebaut. Zweigeschossige Holzemporen umliefen den ganzen Raum. 1833 wurde der Altar vor die Ostwand verlegt, 1891 / 92 die Kirche grundlegend umgebaut: Man fügte eine Apsis an, erhöhte die Decke und überzog den gesamten Innenraum mit neobarocken Zierformen. Außen erhielt die Ostseite einen aufwendigen Schweifgiebel.

Der Innenraum ist neobarock verziert

Der hohe, reichgegliederte Turm entstand 1732 auf Veranlassung und Finanzierung König Friedrich Wilhelms. Als Vorbild nahm Baumeis-

ter Johann Friedrich Grael den eingestürzten schlüterschen Münzturm des Stadtschlosses. Denn obwohl der König wenig Sinn für repräsentativen Pomp hatte, förderte er doch den Ausbau seiner Residenz und mit Vorliebe den Bau von hohen und prächtigen Kirchtürmen, von denen der Sophienturm als Einziger erhalten blieb.

Erst seit 1903–05 erfolgt der Zugang zur Sophienkirche von Westen durch ein repräsentatives Ensemble von neobarocken Wohnhäusern.

Architektur
Barock
Martin Grünberg 1712; Turm: Johann Friedrich Grael 1732–34; Umbau: F. Schulze, A. Heyden, K. Bernd 1892
Adresse
Mitte, Große Hamburger Straße 29
www.sophien.de
Öffnungszeiten
Mo–Sa 13–18 Uhr, So zum Gottesdienst, Tel. 030 / 308 79 20
Anfahrt
S Hackescher Markt, U Weinmeisterstraße

Staatsoper Unter den Linden und Hedwigskathedrale

Als Friedrich II. 1740 die Regierungsgeschäfte übernahm, waren die Stadterweiterungen abgeschlossen. Nun galt es, den gewonnenen Raum mit repräsentativer Architektur zu füllen. Erstes Projekt war ein neues Stadtzentrum, das Forum Fridericianum, das die Künste, die Wissenschaften und die Politik zusammenführen sollte, symbolisiert durch außergewöhnliche Architektur.

Als erster Bau entstand 1741–43 die Oper (großes Foto), das erste freistehende, von der Herrscherresidenz räumlich getrennte Opernhaus überhaupt. Architekt war Georg Wenzeslaus von Knobelsdorff. Mit ihm und Friedrich d. Gr. hielten nun in der Innenarchitektur das Rokoko, französisch beeinflusst, aber doch in verspielteren, leichteren Formen, im Außenbau ein eleganter, aber auch manchmal strenger, klassizistischer Barock Einzug in Berlin.

Die Berliner Staatsoper (Schleuen, um 1750)

Die Oper war ursprünglich ein schlichter, rechteckiger Bau, dem an der Stirnseite zu den Linden ein prächtiger Portikus und auf den Längsseiten schmale Risalite mit Freitreppe und Säulenordnung vorgesetzt waren. Mehrere Umbauten, so nach einem Brand 1843 und grundlegend 1926, veränderten das Äußere entscheidend. Sowohl die stark vorgezogenen Mittelrisalite vor den Längsseiten als auch der kastenförmige Bühnenturm kamen hinzu, der aber beim Wiederaufbau 1952–55 nach Plänen von Richard Paulick eine fast original anmutende Wandgliederung erhielt. Das Figurenprogramm des Außenbaus zeigt antike Dichter und Figuren der griechischen Mythologie. Die Innenausstattung ist ein Werk der 1950er-Jahre, angelehnt ans knobelsdorffsche Original. Bis 2013 wird das Haus generalsaniert, der Zuschauerraum erhält eine höhere Decke, um die Akustik zu verbessern.

Katholische Hedwigskathedrale

Als zweiter Bau, bereits nicht mehr dem ursprünglichen Plan angehörend, entstand hinter der Oper die Hedwigskathedrale als Kirche der Katholiken, deren Gemeinde mittlerweile stark angewachsen war.

Mit diesem Bau wollte der König aber auch seine religiöse Toleranz demonstrieren – nach dem Zugewinn des katholischen Schlesien. Wie so oft erwählte er ein berühmtes Vorbild, hier das antike Pantheon in Rom, und fertigte erste Skizzen, die Knobelsdorff dann ausarbeitete. Die Bauarbeiten leitete 1747–55 Johann Boumann, 1771–73 wurden sie eher provisorisch abgeschlossen.

Nach Kriegszerstörungen wurde die heutige Kathedrale des katholischen Erzbischofs mit leicht veränderter Kuppel und völlig umgestaltetem Innern (Pläne von Hans Schwippert) wiederaufgebaut. Der Boden öffnet sich zu einer Treppe in die Krypta; Ober- und Unterkirche sind durch eine Altarsäule verbunden.

Architektur
Barock
Staatsoper: Georg Wenzeslaus von Knobelsdorff 1741–43; mehrfach umgebaut; Wiederaufbau: Richard Paulick 1952–55 Hedwigskathedrale: Georg Wenzeslaus von Knobelsdorff, Johann Boumann 1747–55
Adresse
Mitte, Unter den Linden 5–7 bzw. Bebelplatz
www.hedwigs-kathedrale.de bzw. www.staatsoper-berlin.de
Öffnungszeiten
Kathedrale: tägl. 10–17 Uhr, So und an Feiertagen 13–17 Uhr, Tel. 030 / 203 48 10
Anfahrt
U Französische Straße, Bus 100

Humboldt-Universität und Alte Bibliothek

Als dritter Bau (großes Foto) des Forum Fridericianum entstand 1748–66 das Palais des Prinzen Heinrich, des Bruders Friedrichs II. Die ursprüngliche Konzeption sah hier ein neues Königsschloss vor, doch Friedrich hatte zu dieser Zeit schon sein Interesse an Berlin verloren und hielt sich so oft wie möglich in Potsdam auf, vor allem in seinem neuerbauten Lustschloss Sanssouci. Der Entwurf stammte möglicherweise vom mittlerweile in Ungnade gefallenen Knobelsdorff, die Bauausführung wurde geleitet von Johann Boumann und Carl Ludwig Hildebrandt.

Alte Bibliothek, auch Kommode genannt

Sieben Jahre nach dem Tod des Prinzen wurde das Gebäude der neugegründeten Friedrich-Wilhelms-Universität zugewiesen, die 1810 ihren Lehrbetrieb aufnahm (nach Humboldt wurde sie nach dem Zweiten Weltkrieg benannt). Die einstmals reiche Ausstattung reduzierte sich im Laufe der Zeit bis auf den Festsaal, der schließlich den Kriegszerstörungen zum Opfer fiel.

Das ursprüngliche Palais war eine Dreiflügelanlage, die sich um den Ehrenhof zu den Linden hin gruppierte. Längs der Lindenallee waren siebenachsige Stirnbauten vorgelagert. 1913–20 verbreiterte Ludwig Hoffmann die ursprünglich schmalen Seitenflügel auf die Breite dieser Stirnbauten und verlängerte sie weit nach Norden, wodurch ein langgestreckter zweiter Hof entstand.

Alexander-von-Humboldt-Denkmal vor der Uni

Der Komplex erhält seine Akzente durch den Mittelrisalit und die Risalite der Stirnbauten, die mit Statuen besetzt sind. Die korinthische Säulenordnung des Mittelrisalits nimmt dabei Bezug auf das Opernhaus. Das flache Dach wird durch eine umlaufende Attika fast verdeckt. Den massigen Eindruck verstärkt die Quaderung der drei Geschosse, deren mittleres durch die hohen Rundbogenfenster hervorgehoben ist. Beachtenswert sind die übereck gestellten Torpfeiler mit Kindergruppen.

Die Westseite des Forums nimmt die wegen ihrer geschwungenen Formen so genannte Kom-

mode ein, welche die 1661 vom Großen Kurfürsten gegründete und bis dahin im Schloss untergebrachte Königliche Bibliothek aufnahm. Georg Christian Unger kopierte auf Weisung des Königs den fünfzig Jahre älteren Entwurf Fischer von Erlachs für die Wiener Hofburg, dessen Bau aber erst 1889–93 in veränderter Form vollendet wurde. Somit ist die Berliner Kopie, 1775–80 entstanden, kurioserweise älter und originaler als das Vorbild. Im Gegensatz zur viergeschossigen Fassadengliederung besaß das Innere nur zwei Geschosse. Nach den Kriegszerstörungen wurde die Bibliothek bis 1969 äußerlich originalgetreu, im Innern modern wiederaufgebaut. Seit 1914 wird der Bau von der Universität genutzt, heute ist hier die Juristische Fakultät untergebracht.

Architektur
Barock
Humboldt-Universität, ehem. Prinz-Heinrich-Palais: Johann Boumann, Carl Ludwig Hildebrandt 1748–66; erweitert durch Ludwig Hoffmann 1913–20
Alte Bibliothek / Kommode: Georg Christian Unger nach einem Entwurf von Fischer von Erlach 1775–80
Adresse
Mitte, Unter den Linden 6 bzw. Bebelplatz
www.hu-berlin.de
Anfahrt
U Französische Straße, S / U Friedrichstraße, Bus 100

Ephraim-Palais

Das von Friedrich Wilhelm Diterichs 1762–65 an der Ecke des Molkenmarkts errichtete Wohnhaus des reichen Bankiers und Münzpächters Veitel Heine Ephraim galt als die „schönste Ecke Berlins" und ist das prächtigste Bürgerhaus der Stadt. Heute durch die Schneise des Mühlendamms aus seinem städtebaulichen Zusammenhang gelöst, war der Molkenmarkt einst einer der zentralen Plätze Berlins. Ephraim war Jude und nutzte als Finanzier Friedrichs d. Gr. während des Siebenjährigen Krieges dessen Nöte, um die Rechte christlicher Kaufleute im öffentlichen Leben und vor Gericht zu erhalten. Erst so war es ihm möglich, ein Grundstück am oder auf dem Mühlendamm, seit dem Mittelalter eine Domäne des Patriziats, zu kaufen und zu bebauen. 1762 ersteigerte er das Haus in der Poststraße 16 und ließ es von Friedrich Wilhelm Diterichs, zuvor Architekt der Schlosskirche in Buch und des Prinzessinnenpalais, völlig umbauen und mit einer neuen Fassade versehen. Schwierig war die Aufgabe vor allem durch den stumpfen Winkel, in dem die beiden Gebäudeflügel aufeinanderstoßen. Diterichs löste das Problem im Innern durch zwei hintereinanderliegende Ovalräume. Außen betonte er die Ecke durch die doppelte Säulenstellung, die sich in Pilasterform über die ganze Fassade bis zu den Vasen auf der Attika erstreckt. Der die dreiachsige Ecke umlaufende Balkon des ersten Stocks ist über große Flügeltüren zugänglich und trägt vergoldete Balkongitter sowie Skulpturen. Das zweite Stockwerk zeigt Einzelbalkone, das Obergeschoss nur noch einen Balkon in der Mittelachse.

Das Palais an originalem Standort, 1874

1935 fiel das Palais der Straßenverbreiterung zum Opfer, die Fassade wurde jedoch nach Protesten aus der Bevölkerung Stein für Stein abgetragen und im Bezirk Wedding gelagert, von wo sie 1983 an den Molkenmarkt zurückgebracht wurde. Bis 1987 wurde das Palais komplett rekonstruiert, wenn auch 12 Meter nach hinten versetzt. Die Innenräume wurden in einem vereinfachten Rokoko ausgestattet und werden als Ausstellungsräume des Stadtmuseums genutzt.

Sehenswürdig ist auch das Ermelerhaus, ursprünglich Breite Straße, das 1760 ebenfalls von Diterichs umgebaut und im Innern in prächtigem Rokoko ausgestattet wurde. Die Fassade

wurde 1804 klassizistisch umgestaltet. Als einziges Haus der Straßenzeile überstand es den Krieg und wurde 1968/69 in die historische Häuserzeile am Märkischen Ufer versetzt.

Ebenfalls einen Blick wert ist das Magnushaus gegenüber dem Pergamonmuseum, das aus den 1750er-Jahren datiert. 1842 richtete Gustav Magnus hier das erste physikalische Labor Deutschlands ein. 1912–28 wohnte im Obergeschoss der Regisseur Max Reinhardt.

Architektur
Barock
Friedrich Wilhelm Diterichs 1762–66; Wiederaufbau: Franz Klinger 1983–87
Adresse
Mitte, Poststraße 16/Ecke Mühlendamm
www.stadtmuseum.de
Öffnungszeiten
Di, Do–So 10–18 Uhr, Mi 12–20 Uhr, Tel. 030/24 00 21 62
Anfahrt
U Klosterstraße, S/U Alexanderplatz

Deutscher und Französischer Dom

Die Bezeichnung „Dom" schafft immer wieder Verwirrung. Im Falle der beiden Bauten am Gendarmenmarkt bezieht sie sich nicht auf die Kirchen selbst, sondern auf die architektonische Form der Kuppelbauten.

Bei der rasterförmigen Anlage der Friedrichstadt nach 1688 entstand als Zentrum der Neue oder Friedrichstädtische Markt, zu dessen Seiten zwei Kirchen errichtet wurden: auf der Nordseite die Französische Kirche für die seit dem Edikt von Potsdam 1685 stark angewachsene hugenottische Gemeinde Berlins (die Erste von um 1800 fünf französischen Pfarrkirchen in Berlin), für die Louis Cayart die 1688 zerstörte Hauptkirche der Hugenotten in Charenton bei Paris zum Vorbild nahm. Auf der Südseite entstand die Neue Kirche (erst später Deutsche Kirche genannt), für die Martin Grünberg aus dem Grundriss der Parochialkirche einen einzigartigen fünfseitigen Zentralbau entwickelte. Westlich wurde ein Turmbau vorgelagert, der aber nicht über das Untergeschoss hinauskam.

Gendarmenmarkt (Gaertner, 1857)

1774 beschloss Friedrich d. Gr., den Platz zu vergrößern und zu verschönern. An der Westseite ließ er ein französisches Komödienhaus errichten. Carl von Gontard beauftragte er mit dem Bau zweier Kuppeltürme, die im Anschluss an die bestehenden Kirchen das Komödienhaus festlich rahmen sollten. Als Vorbilder wirkten die Piazza del Popolo in Rom und die Ensembles von Christopher Wren und Inigo Jones in London. Ringsum entstanden dreistöckige Wohnbauten.

Französische Kirche mit Kuppelturm

Die 1780–85 errichteten Kuppeltürme oder „Dome" blieben ohne innere Verbindung mit den Kirchenräumen. Der Französische Dom wurde teilweise von der Französischen Gemeinde genutzt und beherbergt seit 1929 das Hugenottenmuseum, im Deutschen Dom (großes Foto) wurde später der Verein für die Geschichte Berlins untergebracht.

1881/82 wurde die baufällig gewordene Deutsche Kirche auf altem Grundriss neu erbaut, wobei man den Turmstumpf im Westen entfernte

und den Außenbau der Domarchitektur anpasste. 1943 ausgebrannt, erhielten Kirche und Turmbau ein ganz neues Innenleben und wurden erst 1996 für die Dauerausstellung „Wege – Irrwege – Umwege. Die Entwicklung der parlamentarischen Demokratie in Deutschland" wiedereröffnet.

Die Französische Kirche gestaltete Otto March 1905 im Innern völlig um und setzte der schmucklosen Westfassade einen dreiachsigen Mittelrisalit vor. Ebenfalls 1943 zerstört, wurde sie 1978–83 wiederhergestellt. Statt der Emporen wurde eine Zwischendecke eingezogen, sodass nun, wie schon früher im Außenbau angedeutet, zwei Räume übereinanderliegen.

Architektur
Barock
Frz. Kirche: Louis Cayart 1701–05; Umbau: Otto March 1905; Teilung in zwei Räume 1978–83
Dt. Kirche: Martin Grünberg 1701–08; Umbau: 1881–82 H. v. d. Hude, J. Hennicke; Innengestaltung neu
Turmbauten: Carl von Gontard, Georg Christian Unger 1780–85
Adresse
Mitte, Gendarmenmarkt
www.franzoesischer-dom.de
Öffnungszeiten
Frz. Kirche: Apr.–Okt. 10–19 Uhr, sonst 10.30–18.30 Uhr, Tel. 030 / 20 30 60;
Dt. Kirche: Di–So 10–18 Uhr, Mai–Sept. bis 19 Uhr, Tel. 030 / 22 73 04 31
Anfahrt
U Stadtmitte, U Französische Straße

Die Stadtpalais Unter den Linden

An der Prachtallee Unter den Linden gibt es einige Adelspalais, die eine genauere Betrachtung verdienen. Sie liegen auf der südlichen Straßenseite und sind von der Neuen Wache mit einem Blick zu erfassen.

Der Bau mit der repräsentativen Adresse Unter den Linden 1 ist der jüngste und umstrittenste: die 2000–04 nach Plänen von Thomas van den Valentyn erbaute Hauptstadtrepräsentanz der Firma Bertelsmann. Die Vorderfront und die beiden Schmalseiten orientieren sich exakt am kriegszerstörten Dienst- und Wohnsitz des Berliner Garnisonskommandanten (im Kern 1653 von Memhardt, Fassaden 1795/96 von Wilhelm Konrad Titel), weshalb der Bau Alte Kommandantur oder Kommandantenhaus genannt wird. Die Rückfront und das Innere aber sind modern gestaltet.

Friedrich II. als Kronprinz (Pesne, um 1736)

Das Kronprinzenpalais (großes Foto) ist ein Wiederaufbau von 1968/69, nachdem der kriegszerstörte Vorgänger abgetragen worden war. Ursprünglich 1663–69 für einen Hofsekretär erbaut, wurde es 1733 von Philipp Gerlach zum Stadtpalais des Kronprinzen Friedrich umgestaltet. Grundlegend umgebaut wurde es 1856/57 für den späteren Kaiser Friedrich III. durch Heinrich Strack. Er ersetzte das ursprüngliche Mansarddach durch ein drittes Geschoss und überzog die Fassade, deren Grundstruktur mit den kolossalen Pilastern, dem Säulenportikus und dem starken Gebälk original ist, mit klassizistischer Ornamentik.

Ebenfalls ein Wiederaufbau ist das benachbarte Prinzessinnenpalais, in dem bis 2011 das Operncafé beheimatet war. Seine Hauptfront zeigt zur Oberwallstraße. 1733 verband Friedrich Wilhelm Diterichs zwei Wohnhäuser durch einen Mittelbau zu einem großen Palais. Erhalten ist der Mittelrisalit mit der Freitreppe, dem Balkon, ionischen Kolossalpilastern und der wuchtigen Attika. 1810 entstand mit dem Kopfbau von Heinrich Gentz eine repräsentative Fassade zur Lindenallee hin. Für die neuen Bewohner, die Töchter des Königs, wurde eine gedeckte Brücke zum Palais ihres Bruders, des Kronprinzen, errichtet.

Originalgetreue Front des Kommandantenhauses

Auf der Ecke Lindenforum / Unter den Linden entstand 1834–37 das Alte Palais für den Kronprinzen Wilhelm, das er auch als König und erster deutscher Kaiser bis zu seinem Tod bewohnte. Karl Ferdinand Langhans entwarf einen klassizistisch strengen, zweigeschossigen Sandsteinbau. Die kleinen Fenster eines niedrigen dritten (Mezzanin-) Geschosses sind in einem Terrakottafries versteckt. Daneben steht die Fassade des ehemaligen Gouverneurshauses von 1721, das 1960 an der Ecke Rathaus- / Jüdenstraße abgerissen und hier wiederaufgebaut wurde.

Architektur
Barock / Klassizismus
Alte Kommandantur: Th. van den Valentyn 2000–04 nach Wilhelm Konrad Titel 1795 / 96
Kronprinzenpalais: Ph. Gerlach 1732; J.H. Strack 1856 / 57; R. Paulick 1968 / 69
Kronprinzessinnenpalais: F.W. Diterichs 1733, H. Gentz 1810 / 11; R. Paulick 1963 / 64
Altes Palais: Karl Ferdinand Langhans 1834–37
Gouverneurshaus: F.W. Diterichs und M. Böhme 1721; 1963 / 64 Meinhardt
Adresse
Mitte, Unter den Linden
Anfahrt
U Französische Straße, Bus 100

Schloss Bellevue

Ein Jahr vor dem Tod Friedrichs d. Gr. setzte sich endlich auch in Preußen der Klassizismus durch. Schloss Bellevue ist der erste klassizistische Schlossbau in Preußen, dessen dreiflüglige Grundform zwar noch dem Barock entstammt, dessen strenge Fassade aber eindeutig klassizistisch ist. In nur einem Jahr, 1785, entstand das Schloss unter der Leitung von Philipp Daniel Boumann als Sommersitz für den jüngsten Bruder des Königs, August Ferdinand. Bis 1918 wurde es von den Hohenzollern bewohnt, 1935–38 diente es als Museum für Völkerkunde. Anschließend, nach einem tiefgreifenden Umbau durch Paul Baumgarten, der das Innere völlig veränderte, fungierte es als Gästehaus der Regierung. Nach schweren Kriegszerstörungen wurde es in alter Form wiederaufgebaut, allerdings mit wiederum verändertem Innern. Nur der Ovale Saal, 1791 von Carl Gotthard Langhans eingebaut, blieb erhalten. Seit 1959 diente das Schloss den Bundespräsidenten als Berliner Dependance, seit 1993 ist es ihr erster Amtssitz.

Das neuerbaute Schloss (Schwarz, 1797)

Die Dreiflügelanlage wird vom Mittelflügel aufgrund seiner Größe und Schmuckformen eindeutig dominiert. Der zweigeschossige Hauptbau erstreckt sich über 19 Achsen, die Mitte wird durch einen dreiachsigen Risalit betont. Auf korinthischen Pilastern ruht ein Dreiecksgiebel mit allegorischen Darstellungen von Ackerbau, Fischzucht und Jagd, angemessen für eine Sommerfrische vor den Toren der Stadt. Der Eingang, betont durch eine Freitreppe, wurde erst 1938 hinzugefügt. Zuvor hatte der Bau zwei Portale in den mittleren Achsen der beiden, nur schwach hervorgehobenen Eckrisalite, wie die Form der Öffnungen und die Verdachung noch deutlich erkennen lassen.

Prinz August Ferdinand von Preußen

Wie Anhängsel wirken die beiden völlig schmucklosen, trotz ihrer drei Geschosse niedrigeren Seitenflügel (Damen- und Spreeflügel genannt). Die vorderen drei der insgesamt 16 Achsen sind lediglich zweigeschossig, wodurch im Gesamteindruck eine Steigerung auf den Mittelbau hin erreicht wird.

Die Gartenfront unterscheidet sich vor allem durch die stärkere Betonung der Eckrisalite und die giebellos durchlaufende Dachtraufe.

Südlich des Schlosses, im nicht zugänglichen Park, entstand das viergeschossige Bürogebäude des Bundespräsidialamts in Ellipsenform (Martin Gruber, Helmut Kleine-Kraneburg 1996–98). Die Fenster sind schmucklos in die dunkelgrün polierte Granitfassade eingeschnitten.

Architektur
Klassizismus
Philipp Daniel Boumann 1785
Adresse
Tiergarten, Spreeweg 1
Anfahrt
S Bellevue, Bus 100

Brandenburger Tor

Die Lage des Tors sei „in ihrer Art ohnstreitig die schönste von der ganzen Welt" und daher habe er „zum Modelle" die Propyläen der Athener Akropolis genommen, schreibt Carl Gotthard Langhans zu seinem Entwurf, der 1789–91 realisiert wurde. Das heutige Wahrzeichen der Stadt war nur eines von insgesamt 18 Stadttoren, deren Lage und Namen noch oft im Stadtplan abzulesen sind. Doch es war mit Abstand das aufwendigste – die meisten bestanden nur aus zwei einfachen Torpfeilern. Es wurde im Jahr der Französischen Revolution begonnen und bedeutete die erste Hinwendung in der Berliner Baugeschichte zu antiken griechischen Vorbildern – aus Berlin wurde allmählich „Spree-Athen". Ursprünglich schloss das Tor mit seinen winkelförmigen Seitentrakten (den Wachhäusern) an die Stadtmauer an, doch als diese 1867/68 abgerissen wurde, schuf man Fußgängerdurchgänge in den Seitenhallen und setzte ihren bis dahin schmucklosen Westfronten Säulenhallen vor.

Von Schadow entworfene Quadriga

Das Tor hat fünf durch Mauern getrennte, 11 Meter tiefe Durchfahrten, deren Stirnen von dorischen Säulen verdeckt werden. Über dem dorischen Gebälk und der in der Mitte abgetreppten Attika thront die fünf Meter hohe kupferne Quadriga mit der Siegesgöttin, entworfen von Gottfried Schadow und in Bronze getrieben von Emanuel Jury. Die Göttin Viktoria wird in den Reliefs als Friedensbringerin und die Friedenszeit als Zeit kultureller Blüte dargestellt – das Tor sollte ursprünglich sogar den Namen „Friedenstor" tragen. Zentrale Figur in den Reliefs der Tordurchfahrten ist Herakles.

In seiner Anlage kehrt das Tor die Bedeutung der mittelalterlichen Stadttore um und repräsentiert die Offenheit und geistige Freizügigkeit der selbstbewussten Residenzstadt.

1807 wurde die Quadriga von Napoleon nach Paris entführt, 1814 jedoch im Triumphzug zurückgeholt. Damit war sie zum Symbol des Sieges in den Freiheitskriegen geworden und Schinkel fügte in den Kranz auf dem Stab der Siegesgöttin das Eiserne Kreuz ein. Nach den Kriegsbeschädigungen in den 1950er-Jahren wiederhergestellt und mit neugetriebener Quadriga versehen (1990/91 erneut restauriert), stand das Tor von 1961 bis 1989 im Niemandsland hart an der Mauer zu West-Berlin.

Ursprünglich war es in die geschlossene Bebauung des rechteckigen

Pariser Platzes eingebunden, die aber im und nach dem Zweiten Weltkrieg bis auf die Reste der Akademie der Künste verschwand. Seit 1995 ist der Pariser Platz nun in seinen historischen Abmessungen wiedererstanden. Die ehemals seitlich angrenzenden Wohnhäuser, das Haus des Malers Max Liebermann im Norden und das Haus Sommer im Süden, wurden in vereinfachter historisierender Form (von Josef Paul Kleihues nach dem Vorbild August Stülers) wiederaufgebaut.

Architektur
Klassizismus
Carl Gotthard Langhans 1789–91, Quadriga von Gottfried Schadow
Adresse
Mitte, Pariser Platz
Anfahrt
S / U Brandenburger Tor, Bus 100

Pfaueninsel

Die Pfaueninsel ist ein Gesamtkunstwerk. 1793 erwarb König Friedrich Wilhelm II. sie als Ausflugsziel und machte sie zu einer exotischen Welt. Er und sein Nachfolger Friedrich Wilhelm III. ließen die Insel zum Park umgestalten, auf der Südwestspitze ein Schloss errichten und das ganze Areal mit kleineren Bauten und Kulissen überziehen. All die natürlich wirkenden Lichtungen, Baumgruppen und Blickachsen sind kunstvoll angepflanzt bzw. gelichtet. Charakteristisch sind die sich schlängelnden Wege, die immer wieder neue Ausblicke auf Naturschönheiten oder architektonische Einsprengsel bieten. Außerdem wurden exotische Arten angepflanzt, ein Rosengarten sowie ein Blumengarten angelegt und eine beachtliche Tiersammlung aufgebaut, die 1842 den Grundstock für den Berliner Zoo bildete.

Schon lange ein beliebtes Ausflugsziel, wurde die Pfaueninsel nach dem Tod Friedrich Wilhelms III. 1840 nur noch selten von der Königsfamilie genutzt.

Das Schloss (großes Foto) ist ein Holzbau des Hofzimmermeisters Johann Gottlieb Brendel und konzipiert als „verfallenes römisches Landhaus". Zwei runde Türme rahmen einen ruinösen Mittelteil und sind durch eine Brücke miteinander verbunden. Die Eichenbohlen sind mit einer aufgemalten Quaderung überzogen, eine illusionistische Landschaftsmalerei ziert das Tor. Die Brücke war ursprünglich aus Holz, wurde aber 1807 durch die jetzige Gusseisenbrücke ersetzt, die erste dieser Art in Berlin. Die kulissenartige Fassade ist auf die Fernwirkung zum Marmorpalais in Potsdam berechnet, der Hauptresidenz Friedrich Wilhelms II.

Festsaal des Schlosses mit originalem Interieur

Im Innern befindet sich das einzige unversehrt erhaltene Interieur aus der Regierungszeit des Königs, eingerichtet wohl von seiner Hauptmätresse, der Gräfin Lichtenau, die 1795/96 eine Italienreise unternommen und zahlreiche Souvenirs mitgebracht hatte.

An der Nordspitze erbaute Brendel die Meierei als künstliche Ruine in gotischen Formen. Einem benachbarten Stall gab er die Form einer Kapelle. Das Kavaliershaus (Gästehaus) ist in der heutigen Form ein radikaler Umbau nach Plänen von Schinkel (1824–26). In den Turm wurde die Fassade eines spätgotischen Danziger Patrizier-

hauses eingebaut, der Rest der Fassade gotisiert. Das Schweizerhaus an der Südspitze der Insel, 1829/30 ebenfalls nach Schinkels Plänen errichtet, wandelt das seinerzeit beliebte Motiv des Schweizerhauses (mehrere Beispiele sind im nahen Klein-Glienicke erhalten) klassizistisch ab. Weitere pittoreske Bauten ergänzen das Bild.

Architektur
Neogotik (Zeit des Klassizismus)
Diverse Bauten: Johann Gottlieb Brendel, Karl Friedrich Schinkel u.a. 1794–1830
Adresse
Zehlendorf, Pfaueninsel, Nikolskoer Weg
www.spsg.de
Öffnungszeiten
Insel-Fähre: März 9–18 Uhr, Apr. 9–19 Uhr, Mai–Aug. 9–20 Uhr, Sept. 9–19 Uhr; Schloss: Apr.–Okt. Di–So 10–17.30 Uhr, Tel. 030 / 80 58 68 30
Anfahrt
Bus 218

Neue Wache

Mit der Neuen Wache trat 1818 ein 37-jähriger Architekt mit seinem ersten eigenständigen Bau hervor, der zur beherrschenden Gestalt der Berliner und überhaupt der preußischen Architektur der darauffolgenden Jahrzehnte werden sollte: Karl Friedrich Schinkel. Erfolgreich wirkte er als Maler, Bühnenbildner, Theoretiker, Denkmalpfleger und Stadtplaner und wurde zum engen und einflussreichen Vertrauten des kunstsinnigen Kronprinzen Friedrich Wilhelm IV. Sein architektonisches Werk, wenn auch zum Teil untergegangen, ist beeindruckend umfangreich, als Ideengeber und Entwurfslieferant hinterließ er im ganzen Land seine Spuren. Bis etwa 1870 blieb der Klassizismus schinkelscher Prägung der beherrschende Baustil Berlins.

Käthe-Kollwitz-Skulptur in der Neuen Wache

Die Neue Wache entstand als erster staatlicher Repräsentationsbau nach der französischen Besetzung und wurde, obwohl als einfaches Wachhaus genutzt, als Denkmal für die „Befreiungskriege" verstanden. Schinkel schaffte es, dem kleinen Gebäude zwischen den großen Komplexen von Zeughaus und Universität eigenständiges Gewicht zu geben. Die kastellartigen Eckrisalite verleihen dem einfachen Kubus Massigkeit und Stabilität, die durch das akzentuierte Sockelgeschoss verstärkt werden. Die dorische, zweireihige Säulenhalle mit Giebel öffnet den Bau zu den Linden hin und verleiht ihm Tiefenwirkung. Der Giebel zeigt Kriegsallegorien, der Fries ist mit freiplastischen Viktorien von Schadow geschmückt. Zur Ursprungsplanung Schinkels gehörten zwei flankierende Standbilder der Generäle Bülow und Scharnhorst (von Christian Daniel Rauch), die nun in der gegenüberliegenden Anlage aufgestellt sind.

Maxim-Gorki-Theater, früher Singakademie

1918 verlor die Wache ihre Funktion, 1930/31 wurde sie von Heinrich Tessenow zu einem schlichten Gefallenen-Ehrenmal umgestaltet. Ab 1960 fungierte sie als Mahnmal für die Opfer des Faschismus und Militarismus, seit 1993 dient der Bau, in der rekonstruierten Tessenow-Fassung und mit einer vielfach ver-

größerten Kopie von Käthe Kollwitz' Skulptur „Trauernde Mutter mit totem Sohn", als „Zentrale Gedenkstätte der Bundesrepublik".

Hinter dem sogenannten Kastanienwäldchen liegt das 1751–53 von Christian Friedrich Feldmann errichtete Palais Donner, heute Palais am Festungsgraben genannt. Seit 1808 diente es als Finanzministerium, 1861–63 wurde der dreigeschossige Bau grundlegend umgebaut und erhielt dabei seine spätklassizistische Putzfassade. 1934 wurde der vermutlich von Schinkel ausgestattete Festsaal aus dem abgerissenen Weydingerhaus ins Palais Donner eingebaut.

Nebenan, zurückgesetzt, befindet sich die ehemalige Singakademie, heute Maxim-Gorki-Theater, ein Bau von Carl Theodor Ottmer nach einem Entwurf von Schinkel, erbaut 1824–27, 1946–47 mit neuem Inneren wiederhergestellt.

Architektur
Klassizismus
Karl Friedrich Schinkel 1816–18
Adresse
Mitte, Unter den Linden
Anfahrt
U Französische Straße, Bus 100

Schauspielhaus / Konzerthaus

Am Gendarmenmarkt hatte Friedrich d. Gr. 1774–76 ein kleines Französisches Komödienhaus erbauen lassen, das gegen Ende des 18. Jh. als „Nationaltheater" unter August Wilhelm Iffland zur führenden deutschen Bühne aufstieg. Schon 1800 / 01 erbaute Carl Gotthard Langhans ein neues, größeres Theater, dessen Architektur sich nun gegen die beiden 1785 fertiggestellten Turmbauten des Deutschen und des Französischen Doms (s. S. 48f.) behaupten musste. Doch 1817 brannte das Gebäude bis auf die Umfassungsmauern ab, und ein Jahr später bekam Schinkel den Zuschlag für einen Neubau.

Der Gendarmenmarkt um 1910

Schinkel war an einige Vorgaben des Königs gebunden: So sollten die alten Umfassungsmauern und die Portikussäulen wiederverwendet werden, Bühne und Zuschauerraum sollten zugunsten eines zusätzlichen Konzertsaals und anderer Nebenräume verkleinert werden. Schinkel löste die Aufgabe brillant, indem er zwar den quer zum Platz liegenden Grundriss des Langhans-Baus aufnahm, ihn aber in eine dreiteilige Anlage mit einem höheren und breiteren Mittelbau umwandelte. Mithilfe einer Freitreppe, des ionischen Portikus und eines figurenbekrönten Giebelaufsatzes auf dem Mittelbau schuf er eine prächtige, steil ansteigende Schaufassade, die als zentrales Motiv den Gendarmenmarkt beherrscht. Die seitlichen Stirnseiten tragen sehr breite Giebel, die Rückfront spiegelt die Platzansicht mit nur kleinen Rücksprüngen wider.

Während die Quaderung der Sockelzone traditionellen Formen folgt, ist die geometrische Rasterung der Wandflächen in den beiden Hauptgeschossen völlig neuartig. Die beide Geschosse umfassenden Pilaster an den Ecken bzw. den seitlichen Giebelfronten und die nur ein Geschoss hohen Pilaster in den Wandflächen schaffen ein Gerüst, in dem eingetieft die Fenster und Füllwände liegen. Die reiche plastische Ausschmückung schufen Friedrich Tieck und Christian Rauch. 1881 wurde der vorher verputzte Backsteinbau mit Sandsteinplatten ver-

Bühne des heutigen Konzerthauses

blendet. Im Nordteil des Baus waren die Funktionsräume, im Südteil der Konzertsaal untergebracht. Der Mittelbau barg den 1200 Plätze fassenden Theatersaal. Der halbkreisförmig angelegte Zuschauerraum besaß ein ansteigendes Parkett und zwei Balkone mit dahinterliegenden Logen. 1903 / 04 wurde der Raum neobarock umgestaltet.

Nach den Zerstörungen des Kriegs wurde der Außenbau originalgetreu rekonstruiert, das Innere jedoch völlig verändert. Statt eines Theaters mit Bühne wurde ein 1850 Plätze fassender Konzertsaal eingebaut, der sich in Form und Dekor am kleineren und einst im Südtrakt gelegenen Konzertsaal von Schinkel orientiert. Die feierliche Eröffnung erfolgte 1984. Seit 1994 trägt das Haus den Namen „Konzerthaus Berlin".

Architektur
Klassizismus
Karl Friedrich Schinkel 1818–21, Innenarchitektur: K. Just, M. Prasser 1979–84
Adresse
Mitte, Gendarmenmarkt
www.konzerthaus.de
Anfahrt
U Stadtmitte, U Französische Straße

Friedrichswerdersche Kirche

Von seinen zahlreichen Kirchenentwürfen für Berlin konnte Karl Friedrich Schinkel fünf verwirklichen: vier klassizistische Bauten für die nördlichen Vorstädte – die Nazarethkirche im Wedding, St. Paul am Gesundbrunnen, St. Johannis in Moabit und St. Elisabeth in Mitte – sowie den ersten neogotischen und damit wegweisenden Kirchenbau Berlins, die Pfarrkirche des Friedrichswerders. Der Vorgänger war baufällig geworden, und Schinkel entwarf einen Neubau in Form eines römischen Tempels. Auf Anregung des Königs entschloss er sich dann aber für den „Mittelalterstil". Die Begründung erscheint dem heutigen Besucher merkwürdig: Er passe „in diese etwas engere Gegend der Stadt, die durch die Unregelmäßigkeit ihrer Straßen sich dem Altertümlichen nähert". Ihre Doppelturmfront überragte einst den kleinen, dichtbebauten Markt dieser ersten barocken Stadterweiterung.

Der Entwurf lehnt sich an gotische Kirchenbauten an, zeigt aber in seiner klaren, kubischen Gliederung des Baukörpers und der Fassade deutlich klassizistisches Formempfinden. Für die Bauausführung, die Ludwig Ferdinand Hesse leitete, wählte Schinkel unverputzten Backstein, das typische Material der märkischen Gotik, dessen Renaissance er damit einleitete.

Es handelt sich um einen fünfjochigen, einschiffigen Bau mit fünffach gebrochenem Chorpolygon und tief in den Innenraum gezogenen, im unteren Teil durchbrochenen Strebepfeilern, zwischen welche Emporen mit spitzbögigen Arkaden eingefügt sind. Die Joche sind kreuzgewölbt, aufgemalte Sandsteinrippen erwecken die Illusion von Sterngewölben.

Der Außenbau folgt englischer Kapellenarchitektur. Charakteristisch sind nicht nur die stumpfen Türme, sondern auch die hohen, breiten Fens-

Skulpturenausstellung in der Kirche

ter und das sehr flache, durch einen Maßwerkaufsatz verdeckte Dach. Die im Außenbau flachen Strebepfeiler laufen in kleinen Fialen aus.

Sämtliche Schmuckteile innen wie außen sind aus Terrakotta. Die beiden gusseisernen Flügeltüren entstanden nach Modellen von Friedrich Tieck und Ludwig Wilhelm Wichmann. Die Kirche blieb nach dem Krieg lange Jahre eine Ruine. Seit der Wiederherstellung 1982–87 dient sie als Ausstellungsraum für die Skulpturensammlung des Klassizismus. Seit 2012 ist die Kirche auf unbestimmte Zeit geschlossen. Der Bau der hohen und sehr dicht stehenden Wohnanlage unmittelbar nebenan hat zu mehreren Rissen im Mauerwerk geführt.

Ein weiterer bedeutender Schinkel-Bau, die Bauakademie, neben der Kirche zur Spree hin gelegen, musste nach dem Krieg dem DDR-Außenministerium weichen. Seit auch dieses 1995 abgerissen wurde, gibt es Pläne, die Bauakademie wiederaufzubauen.

Architektur
Neogotik (Zeit des Klassizismus)
Karl Friedrich Schinkel, Ludwig Ferdinand Hesse (Bauleitung) 1824–31
Adresse
Mitte, Werderscher Markt
www.smb.museum
Öffnungszeiten
bis auf Weiteres geschlossen, Tel. 030 / 266 42 42 42
Anfahrt
U Hausvogteiplatz, Bus 100, 147

Altes Museum

Auf der Nordspitze der Cöllner Spreeinsel, die wegen ihres sumpfigen Untergrunds im Mittelalter unbebaut geblieben war, ließ der Große Kurfürst einen Schlosspark mit botanischem Garten anlegen, der den Namen Lustgarten erhielt. Beim Bau der Befestigungsanlagen im 17. Jh. wurde das Gebiet geteilt, der Lustgarten wurde vom Soldatenkönig zu einem Exerzierplatz umfunktioniert. Als nun 1815 der Wunsch nach einem öffentlichen Museum laut wurde, hervorgerufen durch die Ausstellung der von den Franzosen geraubten und nun zurückgebrachten Kunstwerke, schlug Schinkel den Ort nördlich des (nach schinkelschen Plänen rekonstruierten und im September 1999 wiedereröffneten) Lustgartens als repräsentativen Bauplatz vor. Man schüttete einen zur alten Festungsanlage gehörenden Graben zu und errichtete 1825–30 auf Holzpfählen den ersten eigenständigen Museumsbau Berlins.

Museum und Lustgarten um 1900

Der rechteckige Baukomplex umfängt zwei Innenhöfe und einen zentralen, beide Geschosse umfassenden Kuppelraum, die Rotunde, deren blockhafte Außenhülle den Gesamtbau überragt. Zum Lustgarten hin öffnet sich die zur Beleuchtung der Gemälde ohnehin ungeeignete Südseite in ganzer Breite zu einer ionischen Säulenhalle. Hinter der breiten Freitreppe erweitert sie sich fünfachsig in die Tiefe, wo zwei Treppen beiderseits des Eingangs ins Obergeschoss führen. Die geniale Idee, Außen- und Innenraum zu verschmelzen, wurde leider in den 1990er-Jahren durch eine große, die Treppenhalle abtrennende Glasfront zunichte gemacht.

Zwei Bronzegruppen, eine Amazone und ein Löwenkämpfer von August Kiß bzw. Albert Wolff, schmücken die Freitreppe. Der Kuppelsaal im Innern, den Rotunden der vatikanischen Museen nachempfunden, beherbergt in seinen Wandnischen Skulpturen antiker Götter.

Das Museum brannte völlig aus, als wenige Tage vor Kriegsende in unmittelbarer Nähe ein Tankwagen explodierte. 1966 war der Bau wiederhergestellt, im Innern wurde allerdings nur die Rotunde in alter Form rekonstruiert.

Die Rotunde des Alten Museums

Die große Granitschale vor dem Museum sollte einst in der Rotunde aufgestellt werden, doch ging Steinschleifer G. C. Cantian bis an die Grenzen des technisch Möglichen und erweiterte ihren Durchmesser auf sieben Meter, sodass sie für die Rotunde zu groß wurde. Der Stein stammt aus einem Findling bei Fürstenwalde, wurde vor Ort von 100 Mann gewendet und anschließend durch den Wald und per Kahn über die Spree nach Berlin transportiert. Beim Festfrühstück zur Einweihung dieses „Weltwunders" 1834 saßen 42 Personen auf dem Schalenrand.

1935 wurde die Schale an eine Stelle nördlich des Doms versetzt, beim Rücktransport 1981 brach sie auseinander. Sie wurde zwar wieder zusammengefügt, aber der Riss ist deutlich sichtbar.

Architektur
Klassizismus
Karl Friedrich Schinkel 1825–30
Adresse
Mitte, Am Lustgarten
www.smb.museum
Öffnungszeiten
Di–Mi, Fr–So 10–18 Uhr, Do 10–20 Uhr, Tel. 030 / 266 42 42 42
Anfahrt
S Hackescher Markt, Bus 100

Schloss Klein-Glienicke

Die Schlossanlage von Klein-Glienicke imponiert mit ihrer Geschlossenheit und komprimierten Vielfalt. Obwohl auf Berliner Stadtgebiet liegend, gehört sie eindeutig zur Potsdamer Residenzlandschaft: Immer wieder ergeben sich Sichtbezüge zum benachbarten Schloss Babelsberg, zur Potsdamer Nikolaikirche oder zur Heilandkirche in Sacrow.

Das Schloss Klein-Glienicke entwickelte sich aus einem Gutshof für das südlich der Königstraße gelegene Jagdschloss Glienicke, das 1682 für den Kurprinzen Friedrich errichtet wurde. Das Jagdschloss, im 19. Jh. neobarock umgebaut, wurde 1963 von Max Taut vollständig entkernt und zu seinem Nachteil verändert. Es wird heute als Tagungsort genutzt. Der nördlich angelegte Gutshof kam 1824 in den Besitz des Bruders Friedrich Wilhelms IV., des Prinzen Karl, der ihn nach und nach zu einer prächtigen Sommerresidenz umgestalten ließ.

Karl Friedrich Schinkel (Begas, 1826)

Der ehemalige Gutshof Klein-Glienicke war schon vom Vorbesitzer herrschaftlich ausgebaut worden, sein heutiges Aussehen erhielt er 1825–28 durch Schinkel. Es handelt sich um eine unregelmäßige Dreiflügelanlage, die unaufdringlich und mit sparsamen, streng klassizistischen Formen der ländlichen Umgebung angepasst ist. Über dem Mittelrisalit der Hauptfassade lud ein Balkon zum Tee mit Ausblick. Der Ostflügel wurde 1844 von Ludwig Persius um ein Stockwerk erhöht. Das eingeschossige Kavaliershaus mit seinem charakteristischen, vorkragenden Dach (unten Stall, oben Gästewohnung) begrenzt den Innenhof und bildet mit der Remise einen weiteren Hof. Der Turm stammt von Schinkel, wurde aber später um ein Stockwerk erhöht.

Statue des Asklepios an Casino-Fassade

Es folgen die Orangerie von Persius und der Klosterhof (von Ferdinand von Arnim, um 1850), in dessen byzantinischer Kreuzgangsarchitektur die mittelalterliche Sammlung des kunstsinnigen Prinzen untergebracht war.

Über dem Ufer der Havel erhebt sich das Casino von Schinkel, ein strenger zweigeschossiger Putzbau mit ausladenden Pergolen, einst im Obergeschoss als Gästehaus genutzt, und

weiter nördlich am Ufer das Dampfmaschinenhaus, verbunden mit dem Gärtnerhaus, das effektvoll in die Hanglage hineinkomponiert ist und den Weg in den ausgedehnten hinteren Teil des Parks, den heutigen Volkspark, eröffnet.

Viele Ausstattungsstücke des Areals, darunter zahlreiche Holzbauten, sind verloren (vor allem durch Umbauten in den 1950er-Jahren). Doch es gibt noch heute zahlreiche Bauten und Plastiken zu entdecken, bis hin zum Gasthaus Moorlake, das als Unterförsterei 1841 von Persius im beliebten Schweizer Stil errichtet wurde.

Architektur
Klassizismus
Karl Friedrich Schinkel, Ludwig Persius, Ferdinand von Arnim 1825 bis ca. 1850
Adresse
Zehlendorf, Königstraße 36
www.spsg.de
Öffnungszeiten
Apr.–Okt. Di–So 10–18 Uhr, Nov.–März Sa / So und an Feiertagen 10–17 Uhr, Tel. 030 / 80 58 67 50
Anfahrt
Bus 316

Blockhaus Nikolskoe und St. Peter und Paul

Anlässlich des Besuchs seiner Tochter Charlotte und ihres Mannes, des späteren russischen Zaren Nikolaus, ließ König Friedrich Wilhelm III. das Blockhaus im Stil russischer Bauernhäuser 1819 errichten. Er schenkte es seinem Schwiegersohn, und so bedeutet der Name „Nikolaus gehörend". Dank seiner malerischen Lage hoch über der Havel ist es heute eine beliebte Ausflugsgaststätte. Nach einem Brand 1984 wurde es originalgetreu wiederaufgebaut.

Das zweigeschossige Haus mit seinem weit vorkragenden Satteldach ist aus massiven, an den Ecken ineinandergeklinkten Balken errichtet. Fenster- und Türrahmen sind kunstvoll mit teilweise noch barocken Formen verziert.

St. Peter und Paul (Sandmann, 1850)

Unweit von Nikolskoe entstand 1834–37 die Kirche St. Peter und Paul (großes Foto). Der König erwartete „Entwürfe im Stil russischer Kirchen, jedoch nur mit einem Turm", doch August Stüler und sein Mitarbeiter Albert Dietrich Schadow, Sohn des berühmten Bildhauers, setzten sich über die Anordnungen hinweg und entwarfen einen Bau, der den 1832 entworfenen schinkelschen Vorstadtkirchen ähnelt. Die russische Zwiebelkuppel, die Terrasse und die hochgezogene Westfassade kamen auf Anregung Schinkels und des Kronprinzen hinzu.

Das Äußere des kubischen Baukörpers ist schlicht. In die glatten, durch ein Gesims in zwei gleich hohe Abschnitte geteilten Wandflächen sind vier direkt nebeneinanderliegende rundbogige Fenster eingeschnitten. Die massive Westwand ist über die Traufhöhe des Kirchenschiffs gezogen, im oberen Teil jedoch mit Arkaden durchbrochen. Der zierliche Turm endet nach zwei achteckigen Geschossen in einer Zwiebelkuppel.

Kunstgeschichtlich interessant ist vor allem der Innenraum, der einzige unverändert erhaltene Kirchenraum Berlins aus der Zeit des Klassizismus. Auch er wirkt mit seinen klaren Formen, der flachen Balkendecke und den Emporen schlicht, durch seine Farbgebung aber hell und freundlich.

Die beiden Mosaikmedaillons an der Kanzel mit den Titelheiligen der Kirche, römische Arbeiten des 18. Jh., sind Geschenke von Papst Clemens XIII. an Friedrich d. Gr.

Architektur
Russischer Blockhausstil / Klassizismus
Blockhaus Nikolskoe: Garde-Pionier-Bataillon unter Hauptmann Snethlage 1819
St. Peter und Paul: August Stüler und Albert Dietrich Schadow 1834–37
Adresse
Zehlendorf, Nikolskoer Weg 17
Öffnungszeiten
Kirche: tägl. 11–16 Uhr, Tel. 030 / 805 21 00; Blockhaus: tägl. 10.30–18 Uhr, Tel. 030 / 805 29 14
Anfahrt
Bus 218

Tierärztliche Hochschule

Im Schatten des Charité-Hochhauses liegt das ausgedehnte Gelände der tierärztlichen Fachbereiche der Humboldt-Universität. Hier, wo die Panke ein letztes Mal an die Oberfläche kommt, bevor sie unterirdisch in die Spree mündet, liegt ein verborgenes architektonisches Kleinod: der „Trichinentempel", offiziell das ehemalige Anatomische Theater der Tierarzneischule, errichtet 1789/90 von Carl Gotthard Langhans. Der zweigeschossige Putzbau steht auf quadratischem Grundriss mit stark vorspringenden dreiachsigen Risaliten und übergiebeltem Portalvorbau. In der Mitte des Gebäudes, eingefasst von Laborräumen, befindet sich der Hörsaal (heute Nr. 8), der im Außenbau durch den breiten Tambour mit flacher Kuppel markiert ist. Die unteren, quadratischen Fenster sind mit den hohen Rundbogenfenstern des Obergeschosses durch eine Balustrade verbunden. Auf die einstige Bestimmung des Baus deuten die Stierschädel auf den Keilsteinen der oberen Fenster hin. Als oberer Abschluss läuft ein dorischer Triglyphenfries um den Bau, mit dem die beiden Säulen des Portalvorbaus korrespondieren.

Außergewöhnlich ist das Innere des Hörsaals, der leider meist verschlossen ist. Die Ausstattung mit steil ansteigenden Sitzreihen und gotisierenden Brüstungen ist noch original, ebenso die Malereien der Kuppel, die u. a. Hirten und Landleute mit Haustieren zeigen. 1874 wurde ein zweiter Bau in gleichen Formen angefügt.

Das Hauptgebäude der Tierärztlichen Hochschule, heute ebenfalls von den Veterinärmedizinern der Humboldt-Universität genutzt, ist jüngeren Datums. Es entstand 1839/40 nach Plänen von Ludwig Hesse in den klassizistischen Formen der Schinkelschule. Die Dreiflügelanlage umfängt zur Luisenstraße hin einen Ehrenhof. Durch die geraden Fensterabschlüsse und die Gesimse zwischen den drei Geschossen wird die Waagerechte betont, sodass der vorspringende übergiebelte Mittelbau mit seinen Rundbogenfenstern über nur zwei Geschosse umso mächtiger und festlicher wirkt.

Jenseits der Luisenstraße erstreckt sich das großräumige Gelände der Charité, des renommierten, auf eine Gründung Friedrichs d. Gr. zurückgehenden Krankenhauses. Der Komplex besteht aus einer stattlichen Zahl von freistehenden neogotischen Backsteingebäuden aus der Zeit der Jahrhundertwende. Das Hochhaus der Chirurgie mit Operationssälen und Krankenzimmern stammt von 1977–82. Seit 2014 wird es generalsaniert, dabei erhielt es eine völlig neue Fassade nach Entwürfen des Hamburger Büros Schweger und Partner.

Außerdem befinden sich in der einstigen Friedrich-Wilhelm-Stadt das Deutsche Theater und eine stattliche Anzahl von Wohnhäusern des frühen 19. Jh., z. B. in geschlossener Reihe in der Marienstraße.

Architektur
Klassizismus
Hauptgebäude: Ludwig Hesse 1839 / 40
Anatomie: Carl Gotthard Langhans 1789 / 90
Adresse
Mitte, Luisenstraße 56
Anfahrt
S / U Friedrichstraße, Bus 147

Neues Museum

Nach seinem Regierungsantritt 1840 begann Friedrich Wilhelm IV. mit der Realisierung seiner Pläne, auf der Nordspitze der Spreeinsel „eine Freistätte für Kunst und Wissenschaft" zu errichten und die verstreuten königlichen Sammlungen hier auszustellen. Als erster Bau entstand hinter dem nunmehr Alten Museum ab 1841 das Neue Museum von Friedrich August Stüler. 1852 waren erste Teilbereiche fertig, vollendet war der Bau erst 1866.

Stüler gilt als der bedeutendste Berliner Baumeister des nachschinkelschen Klassizismus, das Neue Museum ist unbestritten sein Hauptwerk. Museumsgeschichtlich ist es insofern bedeutsam, als erstmals die innere Ausgestaltung konsequent auf die Exponate, hier vor allem der ägyptischen Sammlung, abgestimmt war. Das Ziel war eine didaktische Erlebniswelt, die den Besucher belehren und „erheben", aber auch beeindrucken und verführen wollte.

Ägyptischer Hof im Museum (Gaertner, 1862)

Das Neue Museum entstand als Ergänzung zum Alten Museum, nicht als dessen Erweiterung. Es sollte zahlreichen, zum Teil tonnenschweren Exponaten Platz bieten, aber weder das Alte Museum noch den geplanten Tempelbau in ihrer Wirkung beeinträchtigen. So erklärt sich, dass das Neue Museum durchaus monumental wirkt, aber nicht im Geringsten auftrumpft. Mit seinen schlicht gehaltenen, verputzten Fassaden zeigt es sich nobel und zurückhaltend. In der Grundanlage wiederholte Stüler den Plan Schinkels: Das Neue Museum ist ein rechteckiger Bau mit Mitteltrakt und zwei Innenhöfen. Die drei Ausstellungsgeschosse werden über ein zentrales Treppenhaus erschlossen, das auch äußerlich den Bau dominiert. Die Ostseite wird durch zwei Eckbauten mit flachen Kuppeln eingefasst: Vom südlichen Kuppelsaal im ersten Stock führte einst eine Brücke zum Alten Museum. Der Backsteinbau war ringsum verputzt und gequadert.

Treppenhaus mit nackten Backsteinwänden

Auch bautechnisch handelte es sich um eine hochmoderne Anlage. Der gesamte Baukörper ist von einer Substruktur aus guss- und schmiedeeisernen Traggliedern durchzogen, von denen

einige bahnbrechend neu waren. Auch das Glasdach über dem Ägyptischen Hof war das erste seiner Art in Berlin – ein Element, das Jahrzehnte später die großen Kaufhäuser zur Blüte brachten.

1945 wurde das Gebäude schwer beschädigt, erst 1999 begann die Instandsetzung der Ruine. Nach den Plänen des britischen Architekten David Chipperfield wurden alle erhaltenen Bauteile gesichert und bewahrt, alle fehlende Teile aber in moderner Formensprache ersetzt. So prallen zum Beispiel im zentralen Treppenhaus, das ursprünglich verputzt und mit einem großen Bildfries geschmückt war, nackte alte Backsteinwände und der Sichtbeton der neu eingebauten Treppe aufeinander. Der wiederhergestellte Bau wurde im Oktober 2009 eröffnet. Leider ist das Neue Museum vom Kupfergraben aus kaum noch zu sehen – David Chipperfields klobige James-Simon-Galerie, die 2016 Richtfest feierte, verdeckt die Schauseite.

Architektur
Klassizismus
August Stüler 1841–66, Rekonstruktion: David Chipperfield 1997–2009
Adresse
Mitte, Bodestraße (Museumsinsel)
www.neues-museum.de
Öffnungszeiten
Mo–Mi, Fr–So 10–18 Uhr, Do 10–20 Uhr, Tel. 030 / 266 42 42 42
Anfahrt
S Hackescher Markt, Bus 100

St. Matthäuskirche

Mit dem enormen Bevölkerungswachstum, das Berlin im 19. Jh. erlebte, wuchs auch der Bedarf an neuen Pfarrkirchen. Der produktivste Kirchenarchitekt der mittleren Jahrzehnte und einer der bedeutendsten Baumeister der Zeit nach Schinkel war dessen einstiger Schüler August Stüler, der ihm auch als Leiter der preußischen Oberbaudeputation folgte. Einer seiner schönsten Kirchenbauten – und zumindest der topografisch herausragende – ist die Matthäuskirche im heutigen Kulturforum.

Seit Ende der 1830er-Jahre zog es wohlhabende Berliner Bürger gen Westen an den südlichen Rand des Tiergartens, in dem nach und nach, einem detaillierten Bebauungsplan folgend, das sogenannte Geheimratsviertel entstand. Angeregt durch einen Kirchenbauverein und unter dem Patronat des Königs, entstand 1844–46 die Matthäuskirche, die als erste Berliner Kirche – zahlreiche weitere sollten folgen – einen zentralen Standort auf einem Stadtplatz erhielt, hier allerdings nur in der Achse der späteren Matthäikirchstraße, die sich zu einem Platz erweiterte. Das Geheimratsviertel ging in den letzten Wochen des Zweiten Weltkriegs unter.

Heute ist die Matthäuskirche der einzige Altbau weit und breit, doch gerade inmitten der modernen Bebauung wird deutlich, wie modern noch immer bzw. wieder die klare tektonische Baugliederung der Matthäuskirche wirkt. Stüler greift hier nicht nur auf das frühchristliche Formenrepertoire (Rundbögen, rot-gelbe Bänderung des Ziegelmauerwerks, die Turmform) zurück, er zeigt auch die konstruktive Struktur des Baus. Die drei Hallenschiffe tragen separate Satteldächer, die innere Jocheinteilung wird im Außenbau durch Lisenen verdeutlicht. Charakteristisch sind auch die Gruppierung der Rundbogenfenster und der zweigeschossige Aufbau. Der Mittelachse ist ein schlanker, hoher Turm vorgestellt, der über einer Arkadengalerie in vier Ecktürmchen ausläuft und einen achteckigen Aufsatz mit Spitzhelm trägt.

Der Chor sollte ursprünglich nur aus einer einfachen Apsis bestehen, doch musste Stüler seinen Plan auf Weisung des Königs umarbeiten. Der Innenraum der überraschend großen Kirche (1500 Plätze) ist großzügig und modern gestaltet.

Architektur
Klassizismus
August Stüler 1844–46
Adresse
Tiergarten, Matthäikirchplatz (Kulturforum)
www.stiftung-stmatthaeus.de
Öffnungszeiten
Di–So 11–18 Uhr, Tel. 030 / 262 12 02
Anfahrt
Bus M29, M41, 148, 200

Hamburger Bahnhof

Der letzte erhaltene Berliner Bahnhof der ersten Generation verdankt sein Überleben merkwürdigen Umständen. Obwohl schon seit 1906 als Museum genutzt, wurde er als ehemaliges Bahngelände nach dem Zweiten Weltkrieg von der Ost-Berliner Reichsbahn verwaltet. Doch die konnte oder wollte mit dem Gelände nichts anfangen, denn ihre Rechte waren im Westteil der Stadt gemäß den alliierten Regelungen ausschließlich auf Transportaufgaben beschränkt. So lag das Areal über 40 Jahre lang im Dornröschenschlaf, bis es 1984 im Rahmen der S-Bahn-Übergabe an den West-Berliner Senat kam. Ein typisches Berliner Nachkriegskuriosum – für das Gebäude selbst ein Glücksfall.

Der Hamburger Bahnhof um 1850

1841 wurde per Staatsvertrag der Bau einer Eisenbahnlinie zwischen den beiden größten deutschen Städten beschlossen, 1846 begann die Jungfernfahrt nach Hamburg in einem Berliner Güterschuppen – der Bahnhof war noch im Bau. Die Arbeiten waren mit beträchtlichen technischen Schwierigkeiten verbunden: Der moorige Baugrund musste mit Sand aufgeschüttet werden, dazu wurde der Spreekanal nach Norden verlegt. Um das entstehende Schienennetz an die Wasserstraßen anzubinden, legte man gleichzeitig bis 1859 den Spandauer Schifffahrtskanal und den Humboldthafen an.

Der Bahnhof selbst entstand in einjähriger Bauzeit bis 1847. Die von zwei Turmbauten bekrönte Schaufassade, deren Mittelteil wie ein Stadttor wirkt, ist unverkennbar klassizistisch. Doch dahinter verbarg sich eine aufsehenerregende architektonische Neuerung: die aus Eisen und Glas konstruierte Bahnhofshalle mit vier Gleisen. Der linke, westliche Bahnsteig diente der Ankunft, der rechte der Abfahrt. Auf den zwei mittleren Gleisen wurde rangiert. Alle vier Gleise führten durch die beiden großen Bögen, die heutigen Eingangsportale, auf den Vorplatz auf eine große Drehscheibe für die Lokomotiven. Die Abfertigungsanlagen befanden sich in den Seitentrakten, die Zugänge zu den beiden Bahnhofsteilen lagen an der Vorderfront.

Ehemalige Bahnhofshalle nach Umbau 1996

1874 wurde die Drehscheibe abgebaut, die Tore wurden verglast, 1877 wurde die Gleishalle um 53 Meter verlängert. Doch auch das reichte nicht, um das exorbitant gestiegene Verkehrsaufkommen zu bewältigen. 1884, nur 37 Jahre nach seiner Eröffnung, wurde der Bahnhof stillgelegt.

1906 richtete man das Verkehrs- und Baumuseum ein, für das 1911–16 zwei Flügel zur Straße hin angebaut wurden, wodurch der heutige Ehrenhof entstand.

Den Umbau für das 1996 eröffnete „Museum für Gegenwart" leitete Josef Paul Kleihues. Von ihm stammt auch der rechts der großen Halle gelegene, 80 Meter lange Erweiterungsbau.

Architektur
Klassizismus
Friedrich Neuhaus, Ferdinand Wilhelm Holz 1846 / 47; Umbau und Erweiterung: Josef Paul Kleihues 1990–96
Adresse
Tiergarten, Invalidenstraße 50–51
www.smb.museum
Öffnungszeiten
Di–Mi, Fr–So 10–18 Uhr, Do 10–20 Uhr, Tel. 030 / 266 42 42 42
Anfahrt
S Hauptbahnhof

Neue Synagoge

Schon vor 140 Jahren, bei einem der ersten Architekturwettbewerbe Berlins, gab es Probleme mit Jury-Entscheidungen. Da man sich auf keinen Preisträger einigen konnte, übernahm kurzerhand der Jury-Vorsitzende selbst den Bau: Eduard Knoblauch, der sich angesichts der vorherrschenden Stellung Schinkels im staatlichen Bauwesen 1830 als Privatarchitekt niedergelassen hatte – als Erster mit Erfolg. Die Synagoge wurde sein Hauptwerk und zugleich sein letzter Bau. Die Bauleitung übernahm nach seiner Erkrankung sein Freund August Stüler.

Obwohl seit dem Mittelalter Juden in Berlin ansässig waren, wenn auch immer wieder verfolgt und im 16. Jh. zeitweilig aus der Stadt und der gesamten Mark vertrieben, und obwohl 1671 offiziell die jüdische Gemeinde gegründet worden war, dauerte es doch bis ins 19. Jh., bis die Juden staatsbürgerlich den Christen gleichgestellt wurden. Seitdem war die Gemeinde stark angewachsen, und so entstand der Plan zu einer großen Hauptsynagoge, die mit ihren 3000 Sitzplätzen die größte in ganz Europa werden sollte.

In der „Kristallnacht" von einem beherzten Polizeimann und der Feuerwehr gerettet, wurde sie 1943 durch Bomben zerstört. Die Ruine der großen Synagoge wurde 1970 abgetragen, der Vorderbau wurde in den 1990er-Jahren wiederhergestellt.

Die in die Straßenflucht einbezogene Fassade wird überragt von der stattlichen, auf einem Tambour aufsitzenden Kuppel, die mit einem maurischen, vergoldeten Rippennetz überzogen ist. Die Eingangswand springt hinter zwei Turmbauten zurück, deren Aufsätze mit der großen Kuppel korrespondieren.

Die durch farbige Ziegelstreifen horizontal gegliederte Fassade zeigt orientalische Motive – die Eingangsarkaden sind Motiven der Alhambra genau nachgebildet.

Über die beiden Seiteneingänge war einst die obere Frauenempore zugänglich. Durch die drei mittleren Portale betritt man das runde Vestibül, das Knoblauch geschickt als Gelenk für die nach rechts abknickende Grundstücksachse einsetzte. Es schlossen sich der querrechteckige Vorsaal mit Garderobe, die Vorsynagoge für den täglichen Gottesdienst und schließlich längsrechteckig die Hauptsynagoge an. Hier war der

Der Hauptsaal der Synagoge, 1866

Deckenaufbau fünfteilig: Eisenbinder trugen die seitlichen Emporen und die sie überfangenden Quertonnen. Darüber erhoben sich zur Mitte hin erneut Quertonnen, der Mittelgang wurde von Kuppeln überwölbt.

Heute ist der Altbau, in dem wechselnde Ausstellungen gezeigt werden, mit dem rechts benachbarten Neubau zum Centrum Judaicum zusammengefasst.

Architektur
Spätklassizismus
Eduard Knoblauch, August Stüler 1860–66
Adresse
Mitte, Oranienburger Straße 28–30
www.cjudaicum.de
Öffnungszeiten
Jan.–März Mo–Do, So 10–18 Uhr, Fr 10–15 Uhr, Apr.–Sept. Mo–Fr 10–18 Uhr, So 10–19 Uhr, Okt.–Dez. Mo–Do, So 10–18 Uhr, Fr 10–15 Uhr, Tel. 030 / 88 02 83 00
Anfahrt
S Oranienburger Straße, Tram M1, M6

Rotes Rathaus (Berliner Rathaus)

Das wegen der Farbe seines Baumaterials so genannte Rote Rathaus ist seit 1869 Sitz der Stadtregierung – seit 1991 wieder von Gesamt-Berlin. Es ersetzte das an seiner nordwestlichen Ecke gelegene mittelalterliche Rathaus, das im Laufe der Jahrhunderte, bedingt durch Brände und Umbauten, zu einem Konglomerat unterschiedlichster Gebäudeteile geworden war und den funktionalen Ansprüchen längst nicht mehr genügte. Doch es dauerte bis in die 1950er-Jahre, dass die Stadt, deren kommunale Selbstständigkeit von den Kurfürsten und Königen ja immer wieder beschnitten worden war, an den Neubau eines repräsentativen Rathauses schritt. Den Bauauftrag erhielt 1860 Hermann Friedrich Waesemann, ehemals Assistent von Stüler und Mitglied der Ministerial-Baukommission.

Ein ganzes Stadtviertel musste dem 99 mal 88 Meter Grundfläche umfassenden Neubau weichen. Nach außen stellt er sich als Vierflügelanlage dar, im Innern werden durch Zwischentrakte drei Höfe gebildet. Mit dem blockhaften Äußeren und dem hohen, stumpfen Turm griff Waesemann den Rathaustyp der einst mächtigen Städte Italiens und Flanderns auf. Mit seinen Neorenaissance-Elementen und trotz der prägenden Rundbögen setzt sich das Rathaus deutlich vom nachschinkelschen Klassizismus ab und formuliert damit gegenüber den königlichen Bauten eine eigenständige städtische Architektur.

Der Bau beeindruckt durch die gleichförmige Reihung der Rundbogenöffnungen. Die vier Geschosse, von denen die beiden mittleren durch übergreifende Rahmungen zusammengefasst sind, werden von einem vorkragenden Konsolgesims abgeschlossen, das gemeinsam mit den betonten Eckrisaliten zum wehrhaften Charakter beiträgt. Beherrschend ist jedoch der 74 Meter hohe Turm, der sich über dem stark betonten Mittelrisalit mit der hohen Portalnische erhebt. Das Motiv der von Säulen getragenen Eckvorlagen erinnert an die Domtürme von Laon und Naumburg. Der umlaufende Terrakottafries stellt auf 36 Tafeln die Berliner Geschichte bis 1871 dar. Die Innenräume wurden nach dem Krieg meist modern gestaltet.

Eingangshalle des Berliner Rathauses

Als auch dieses wahrlich nicht kleine Haus zu eng wurde, entstand auf der Rückseite des

Roten Rathauses das Alte Stadthaus (1902–11), bei dessen Bau Ludwig Hoffmann die Kuppelformen der Dome am Gendarmenmarkt aufnahm. Der Komplex ist, dem alten Straßenverlauf angepasst, trapezförmig um vier Innenhöfe gelagert. Ursprünglich machte ein hohes Mansarddach die enggedrängte Vorderfront mit dem 101 Meter hohen Turm noch wuchtiger. Das Gebäude diente zu DDR-Zeiten als Regierungssitz (Ministerrat) und wird jetzt wieder vom Berliner Senat genutzt.

Architektur
Historismus
Hermann Friedrich Waesemann 1861–69
Adresse
Mitte, Rathausstraße 15
Anfahrt
S / U Alexanderplatz

Alte Nationalgalerie

Zum von Friedrich Wilhelm IV. und August Stüler 1841 ausgearbeiteten Plan einer „Freistätte für Kunst und Wissenschaft" auf der Spreeinsel gehörte auch eine Festhalle für die Universität. Stüler entwarf einen antiken Tempelbau auf hohem Sockel mit vorgelegter doppelläufiger Freitreppe. Der Bau war vor allem auf die städtebauliche Fernsicht an der Nordostseite der Spreeinsel angelegt. Im Untergeschoss sollten Hörsäle untergebracht werden. Das Projekt wurde jedoch nie verwirklicht. Erst als 1861 der Bankier Wagener starb, der dem Staat seine Sammlung von 262 zeitgenössischen Gemälden mit der Auflage vermacht hatte, eine Nationalgalerie zu gründen, griff man auf Stülers Konzeption zurück. Der Bau war zwar nicht optimal für Museumszwecke, doch die freie Lage und seine Höhe garantierten genügend Licht. Die Bauausführung übernahm nach Stülers Tod 1866–76 Heinrich Strack, von dem auch die Entwürfe zur Innenausstattung stammen.

Kuppelsaal im zweiten Obergeschoss

Es handelt sich um einen Tempel korinthischer Ordnung, der auf der Rückseite mit einem Halbkreis abschließt. Acht Säulen bilden auf der Vorderseite eine Säulenhalle mit Giebel, seitlich sind dem Baukörper nur Halbsäulen vorgesetzt, zwischen ihnen Tafeln mit den Namen deutscher Künstler. Die Rückwand der Säulenhalle zeigt auf einem Fries die Entwicklungsgeschichte der deutschen Kunst – von Karl dem Großen bis Kaulbach – und das Giebelrelief „Germania als Beschützerin der Künste". Die drei Frauenfiguren auf der Giebelspitze personifizieren die Malerei, die Bildhauerei und die Architektur. Die Freitreppe hat rein repräsentativen Charakter, der Eingang liegt unten. Über ihm thront das Reiterstandbild Friedrich Wilhelms IV. von Alexander Calandrelli. In den Schalen auf den Geländersockeln brannten früher zu besonderen Anlässen Feuer.

Skulpturensaal mit Prinzessinnengruppe

Der 12 Meter hohe Sockel enthält ein Magazin- und Verwaltungsgeschoss sowie ein ursprünlich für Skulpturen vorgesehenes Geschoss. Der obere Säulenbau wies ursprünglich in der Mit-

te drei hohe, durch Oberlichter beleuchtete Räume auf, um die sich zwei Ausstellungsgeschosse legten. 1935 wurden auch die großen Säle in zwei Geschosse unterteilt. Das gesamte Areal ist zur Straße und der Spree hin dem Getriebe der Welt durch Kolonnaden entrückt. Die Nationalgalerie wurde 1996–2001 nach Plänen des Stuttgarter Architekten HG Merz grundlegend saniert.

Architektur
Klassizismus
August Stüler, Heinrich Strack 1866–76
Adresse
Mitte, Bodestraße (Museumsinsel)
www.smb.museum
Öffnungszeiten
Di–Mi, Fr–So 10–18 Uhr, Do 10–20 Uhr, Tel. 030 / 266 42 42 42
Anfahrt
S Hackescher Markt, Bus 100

Postfuhramt

Drei große Gebäude prägen das Bild der Oranienburger Straße: die Neue Synagoge, das Tacheles und als unbekanntestes zwischen ihnen das ehemalige Postfuhramt. Es ist einer der prächtigsten historistischen Bauten Berlins und der vielleicht aufwendigste Behördenbau seiner Zeit. Gelegen an der Ecke zur Tucholskystraße, wurde das Postfuhramt 1875–81 nach Plänen von Carl Schwatlo errichtet. Bereits seit Beginn des 18. Jh. stand hier ein Postillonhaus.

Hinter dem zweiflügligen Hauptbau verbergen sich zwei niedrige Hoftrakte, deren damalige Nutzung dem ganzen Komplex seinen Namen gab: die Postkutschenremisen und die Stallungen für etwa 250 Pferde. Im Hauptbau selbst waren die zugehörigen Verwaltungsräume, Wohnungen für Postbedienstete, ein Postamt und ein Telegraphen-Ingenieurbüro untergebracht; ein weiterer Anbau im Hof diente als Maschinen- und Kesselhaus der Berliner Rohrpost.

Dominierendes Element des dreigeschossigen verklinkerten Ziegelbaus ist die abgeschrägte Eckpartie, die von doppelachsigen Risaliten eingerahmt wird. Sie öffnet sich über drei Geschosse zu einer monumentalen Rundbogennische. Darüber thront ein achteckiger Tambour mit flacher Kuppel, der von zwei kleineren Tambourkuppeln über den Risaliten gerahmt wird.

Die Mauerflächen der beiden lang gestreckten Fassaden werden durch die gestreifte Klinkerung belebt. Fenster, Friese und das abschließende Konsolgesims sind durch qualitätvolle Terrakotten geschmückt, ebenso die Pilaster und die Fensterzwickel.

An der Tucholskystraße schließt sich ein Anbau mit großem Versammlungssaal an, der äußerlich als Risalit mit Attika und zwei Figurengruppen abgesetzt ist.

Das ehemalige Postfuhramt wurde bis 1995 von der Deutschen Post genutzt und stand dann jahrelang leer. 2006 avancierte es dann zu einem der spannendsten Kunst- und Veranstaltungsorte Berlins, vor allem dank c/o Berlin, dem „Ausstellungshaus für Fotografie und visuelle Medien". Der Kuppelsaal wurde von einem Club und einem Restaurant genutzt. Seit 2012 ist das Gebäude wieder geschlossen, es soll zu einer Firmenrepräsentanz umgebaut werden.

Auch der Straßenblock schräg gegenüber wird von Gebäuden der Post eingenommen: Das einstige Haupttelegraphenamt, Oranienburger Straße 73–76 und Monbijoustraße, stammt aus den Jahren 1910–13, das einstige Fernsprechamt an der Tucholskystraße 6–14 mit seiner vertikal geglieder-

ten Klinkerfassade wurde 1925 / 26 errichtet. Einbezogen in den Komplex wurde das älteste Gebäude der Straße, die ehemalige Große Landesloge Deutschlands, errichtet 1789–91 von Christian Becherer.

Architektur
Historismus
Carl Schwatlo 1875–81
Adresse
Oranienburger Straße 35–36 / Ecke Tucholskystraße
Anfahrt
S Oranienburger Straße, Tram M1, M6

Martin-Gropius-Bau

Während die meisten Museumsbauten nach ihren Stiftern benannt sind, sei es Guggenheim, Wallraf-Richartz oder Ludwig, trägt das ehemalige Kunstgewerbemuseum den Namen seines Architekten, wohl weil es, zumindest auf der Hauptausstellungsfläche, keine feste Sammlung mehr beherbergt. Gropius, ein Großonkel des berühmteren Bauhausarchitekten Walter Gropius, gründete mit seinem Kompagnon Heino Schmieden die Firma Gropius & Schmieden und wurde mit zahlreichen Villen- und Krankenhausbauten einer der ersten erfolgreichen Privatarchitekten. Stilistisch gehört er mit seiner strengen Formsprache zu den letzten Vertretern des schinkelschen Klassizismus.

Von Schinkels 1961 abgerissener Bauakademie ist die Grundform des 1877–81 errichteten Baus abgeleitet: eine fast quadratische Vierflügelanlage um einen glasüberdachten Innenhof, dreistöckig aus Rohziegeln gemauert. Die Sandsteinfassungen der für die Schinkelschule typischen dreigeteilten Fenster, die Einzelformen des Dekors und das vorkragende Dach sind jedoch von der italienischen Renaissance beeinflusst und zeigen, dass auch Gropius sich dem Einfluss des bereits vorherrschenden Historismus nicht entziehen konnte.

Der Aufriss ist gegliedert in ein granitenes Sockelgeschoss, zwei gleichgestaltete Hauptgeschosse und ein durch einen Fries abgesetztes Obergeschoss, zwischen dessen niedrigeren Fenstergruppen Mosaik- und Terrakottaplatten auf die verschiedenen Zweige und Epochen des Kunsthandwerks anspielen. Abgeschlossen wird der Bau durch ein weit vorkragendes Dachgesims.

Der Lichthof des ehemaligen Kunstgewerbemuseums

Der Haupteingang liegt auf der Nordseite, die als repräsentative Eingangsfront ausgebildet ist. Da hier jedoch in wenigen Metern Entfernung die Mauer verlief, wurde der Eingang bei der Rekonstruktion 1979–81 auf die Südseite verlegt, wo das Haupttreppenhaus als einziger Bauteil aus dem Gesamtkubus vorspringt. Seit einem erneuten Umbau führt der Weg nun wieder durch das große Vestibül in den gebäudehohen Lichthof, um den sich auf drei Geschossen die Ausstellungsräume legen.

Seit der Wiedereröffnung 1981 wird der Martin-Gropius-Bau vor allem für Sonderausstellungen genutzt.

Nördlich des Gropius-Baus, vor 1989 im Ostteil der Stadt, liegt der ehemalige Preußische Landtag, jetzt Sitz des Berliner Abgeordnetenhauses, errichtet 1892–97 von Friedrich Schulze.

Architektur
Spätklassizismus
Martin Gropius und Heino Schmieden 1877–81
Adresse
Kreuzberg, Niederkirchnerstraße 7 / Ecke Stresemannstraße 110
www.gropiusbau.de
Öffnungszeiten
Mi–Mo 10–19 Uhr, Tel. 030 / 25 48 60
Anfahrt
S / U Potsdamer Platz oder S Anhalter Bahnhof

S-Bahnhof Hackescher Markt

Der Bau einer Bahnverbindung quer durch die Innenstadt bedeutete 1882 etwas völlig Neues und Einzigartiges in Europa. Vier Jahrzehnte waren seit der Eröffnung der ersten Berliner Bahnstrecke vergangen (nach Potsdam, 1838), zehn Linien verließen seit 1878 sternförmig die Reichshauptstadt in alle Himmelsrichtungen. Ein Ring von neun Kopfbahnhöfen (1940 noch sechs) legte sich um die Innenstadt. Zur Verbindung der einzelnen Linien war in den Jahren 1867–77 die Ringbahn entstanden, die mit einem weiten Kreis um die Stadt (Umfang 37 Kilometer) die Fernbahnlinien verband.

Doch um auch das Stadtzentrum an die Fernbahnen und die Ringbahn anzubinden, begann 1875 der Bau der „Stadteisenbahn", die Berlin in seiner größten Ausdehnung von Ost nach West durchqueren sollte. Um den Straßenverkehr nicht zu behindern, errichtete man die 12 Kilometer lange Strecke zwischen Schlesischem Bahnhof und Charlottenburg über dem Straßenniveau – überwiegend als Viadukt auf insgesamt 731 gemauerten Bögen. Die Reststrecke zum West- bzw. Ostkreuz verlief auf aufgeschütteten Dämmen.

Vier Gleise wurden verlegt, zwei für den lokalen und zwei für den Fernverkehr, der an fünf Bahnhöfen Station machte: Charlottenburg, Zoologischer Garten, Friedrichstraße, Alexanderplatz und Schlesischer Bahnhof. 1882 fuhr der erste Zug mit dem Ehrengast Kaiser Wilhelm I.

Nur ein Bahnhofsgebäude war bis zu den jüngsten Sanierungsarbeiten noch fast original erhalten: der S-Bahnhof Hackescher Markt, ehemals Börse. Die etwa 100 Meter lange und 16 Meter breite Halle ist mit einem flachbogigen Dach geschlossen, ursprünglich saß in der Mitte ein spitzes Oberlicht auf. Als reiche Schaufassade ist die Seite zum Hackeschen Markt gestaltet: Mehrfach abgetreppte Flachbögen überfangen die unteren Ladengeschäfte, das Obergeschoss nimmt mit den von zwei Pilastern eingefassten Rundfenstern und den seitlichen Ornamentfeldern Renaissance-Elemente auf.

Die Innenausstattung wurde leider unhistorisch historisiert: Weder die Fliesen noch die Lampen entsprechen dem Originalzustand. Gleiches gilt übrigens für alle nun renovierten Bahnhöfe der Stadtbahn.

Auch die beiden Bahnhöfe Alexanderplatz und Friedrichstraße wurden in den 1990er-Jahren völlig entkernt, der historische Lehrter Stadtbahnhof musste dem neuen Hauptbahnhof weichen. Ebenfalls im Innern grundlegend verändert wurde der Bahnhof Zoo, ein im Übrigen kühn konstruierter Stahl- und Glasbau, der anlässlich der Olympischen Spiele 1934–36 neu errichtet wurde.

Architektur
Historismus
Johannes Vollmer 1878–82
Adresse
Mitte, Hackescher Markt
Anfahrt
S Hackescher Markt, Tram M1, M2, M4, M5, M6

Markthalle VI / Ackerhalle

Ein eher unbekannter, aber dennoch bemerkenswerter Teil der Berliner Baugeschichte sind die städtischen Markthallen vom Ende des 19. Jh., von denen vier im Originalzustand erhalten geblieben sind bzw. wiederhergestellt wurden. Die Markthallen bedeuteten eine Verbesserung: für die Anwohner der alten Wochenmärkte, weil eine Quelle des Gestanks und des Lärms verschwand, und für die Kunden und Händler, weil sie nun wettergeschützt und geregelter ihren Geschäften nachgehen konnten.

Trotzdem war die erste Berliner Markthalle, die bereits 1867 unter privater Regie am Schiffbauerdamm eröffnet wurde, ein finanzieller Fehlschlag. Nach nur einem halben Jahr musste sie wieder schließen. In das Gebäude zog der Zirkus Schumann, später wurde es zu Max Reinhardts Großem Schauspielhaus und nach dem Zweiten Weltkrieg zum Friedrichstadtpalast umgebaut.

Originale Fassade der Ackerhalle

Erst 1886 öffnete die erste städtische Markthalle, und innerhalb von sieben Jahren entstanden am Alexanderplatz eine Zentralmarkthalle, die wenig später um eine zweite erweitert wurde, sowie 13 Markthallen in den verschiedenen Stadtteilen, die nach der Chronologie ihrer Eröffnung mit römischen Ziffern nummeriert wurden. Zuständig für den Bau aller Markthallen war der städtische Baurat Hermann Blankenstein, und dementsprechend einheitlich wirken die verklinkerten Fassaden mit ihrem teilweise reichen, aber doch dezenten Terrakotta-Schmuck.

Fassadendetail des Torgebäudes

Die Markthalle VI in der Ackerstraße ist die einzige der vier alten Hallen, deren Äußeres sich noch im Originalzustand präsentiert. Wie alle Hallen hat sie zwei Zugänge, doch liegen diese nicht wie üblich an den beiden Stirnseiten, sondern übereck. Die meisten Markthallen wurden in einem Wohnblock errichtet, sodass man nur zwei schmale Fassaden finanzieren musste. Neben den Eingängen waren kleine Ladengeschäfte untergebracht, für deren Inhaber im ersten Stock Wohnungen eingerichtet wurden.

Alle Hallen wurden nach einem einheitlichen Schema konstruiert: Von einem hohen, durch seitliche Fenster beleuchteten Mittelschiff gehen querlaufende Seitenschiffe mit Oberlichtern ab. Das Dach wird von gusseisernen Stützen und Stahlbindern getragen.

Die Ackerhalle beherbergt seit der Sanierung 1990/91 einen Supermarkt. Gegenüber steht die Ruine der schinkelschen Elisabethkirche, die einen Blick wert ist.

Munteres Markttreiben kann man noch in der Arminiushalle in Moabit erleben, die ungewöhnlicherweise einen ganzen Straßenblock einnimmt, deren Fassade zur Arminiusstraße aber verändert ist, sowie in den Kreuzberger Hallen an der Eisenbahnstraße und am Marheinekeplatz.

Architektur
Historismus
Hermann Blankenstein 1888
Adresse
Mitte, Ackerstraße 23–26 / Invalidenstraße 159
Öffnungszeiten
Mo–Sa 8–23 Uhr
Anfahrt
U Rosenthaler Platz, S Nordbahnhof

Reichstagsgebäude

Ludwig Bohnstedt hieß der überlegene Sieger des Reichstagswettbewerbs. Doch sein populärer Entwurf (mit einer Offenheit symbolisierenden monumentalen Vorderfront) verschwand in den Schubladen – die Zeit war wohl noch nicht reif für einen eigenen Parlamentsbau. Zehn Jahre später, 1882, wurde ein zweiter Wettbewerb ausgeschrieben, dessen Sieger Paul Wallot hieß, Privatarchitekt in Frankfurt / Main. Doch auch dieser musste einige Querelen mit Kaiser und Behörden durchstehen, bis der Bau 1894 eingeweiht werden konnte.

1884 begonnen, fiel die endgültige Entscheidung für die Fassadengestaltung erst 1886, und noch 1890, als die inneren Stützmauern bereits standen, musste nach dem Willen Wilhelms II. eine neue Kuppel entworfen werden.

Reichstag mit Originalkuppel (1896)

Heraus kam schließlich eine Vierflügelanlage mit zwei Innenhöfen und dem Plenarsaal im Zentrum. Die Hauptfront zeigt nach Westen, weg vom Stadtzentrum.

Über einem rustizierten Sockel erhebt sich der Monumentalbau in zwei Geschossen. Prägend sind die quadratischen, als Risalite aus der Flucht vorspringenden flachen Ecktürme und der Eingangsbereich, der ebenfalls blockhaft aus der Bauflucht hervorragt. Ihm ist eine Säulenreihe mit spitzem Giebel vorgelagert, eine große Freitreppe führt zum Portal.

Über dem zentralen Plenarsaal erhob sich auf rechteckiger Grundfläche eine große Kuppel aus Eisen und Glas, die als technisches Meisterwerk bewundert wurde.

Plenarsaal des Deutschen Bundestages

In 75 Metern Höhe thronte auf der Laterne, und damit über dem ganzen Parlamentsgebäude, eine Kaiserkrone. Der durch eine Kolossalordnung gegliederte Außenbau wurde von reichem Figurenschmuck in der Dachzone abgeschlossen. Das Innere war ebenfalls reich und prunkvoll ausgestattet.

Beim Reichstagsbrand am 28.2.1933 wurde die Inneneinrichtung, vor allem der Plenarsaal, teilweise zerstört. In den letzten Tagen des

Kriegs erlitt der Reichstag schweren Schaden und brannte erneut aus, die Kuppel wurde aus Sicherheitsgründen gesprengt.

Nach langen Diskussionen über eine zukünftige Nutzung erhielt der Bau 1961–72 nach Plänen von Paul Baumgarten ein nüchtern-sachliches Innenleben, der Plenarsaal blieb ein Provisorium.

Nach der Entscheidung für Berlin als zukünftigen Regierungssitz wurde ein Wettbewerb ausgeschrieben, den Sir Norman Foster gewann. Verwirklicht wurde allerdings ein Entwurf, der mit dem prämierten nichts mehr zu tun hat – wiederum von Norman Foster. Der Innenraum wurde vollständig entkernt, der wieder zentral angelegte Plenarsaal wird nun von einer gestreckten Glaskuppel auf rundem Grundriss überwölbt, die über Rampen begehbar ist. Seit April 1999 ist das Reichstagsgebäude der offizielle Sitz des Deutschen Bundestages. Von Wallot stammt auch das benachbarte Reichstagspräsidentenpalais (1897–1903).

Architektur
Historismus
Paul Wallot 1884–94, letzter Umbau: Sir Norman Foster 1994–99
Adresse
Tiergarten, Platz der Republik
www.bundestag.de
Öffnungszeiten
Kuppel: tägl. 8–24 Uhr
Anfahrt
S / U Brandenburger Tor, Bus 100

Riehmers Hofgarten

Angesichts des enormen Bevölkerungszuzugs infolge der industriellen Revolution entwickelte James Hobrecht (als Angestellter des Polizeipräsidiums) 1858–62 einen Bebauungsplan für die Stadterweiterung, der ein großzügiges rechtwinkliges Straßenraster mit breiten Magistralen und zahlreichen Plätzen vorsah. Berlin erhielt damit ein über Jahrzehnte hinaus wirksames stadtplanerisches Leitbild, das jeglichen Wildwuchs ins Umland verhinderte, aber auch die Entwicklung Berlins zur „größten Mietskasernenstadt der Welt" einleitete. Denn da der Staat die Kosten der Straßenerschließung übernehmen musste, wurden die Straßenblöcke groß angelegt: 200 bis 400 Meter lang und 150 bis 200 Meter tief. Für die innere Bebauung gab es keine Vorschriften, die Bauordnung von 1853 sah lediglich eine Hofgröße von 5,30 mal 5,30 Meter vor (zum Wenden der Feuerspritze), die 1887 auf 60 Quadratmeter vergrößert wurde. Die großen Grundstücke wurden, um möglichst viel Gewinn herauszuschlagen, eng mit oft mehreren Hinterhöfen bebaut.

Zwei Beispiele zeigen jedoch, dass es auch anders ging, als nur Hof an Hof zu reihen. Der Maurermeiser Riehmer nutzte sein T-förmig an drei Straßen angebundenes Grundstück in Kreuzberg, um durch eine Privatstraße das übliche Hinterhofschema aufzubrechen. Durch verbesserte Wohnbedingungen und die Konzentration auf Wohnungen mit drei und mehr Zimmern erhoffte er sich zahlungskräftigere Mieter aus dem Beamtenstand oder Bürgertum – eine Rechnung, die aufging. Die gärtnerische Anlage tat ein Übriges.

Atlanten über der Hofeinfahrt Yorckstraße

Fast zwanzig Häuser gruppieren sich um den Hofgarten. Wie bei allen Mietshäusern dieser Zeit liegen die größten Wohnungen zur Straßenseite hin, während die kleineren Wohnungen zur Hofseite ausgerichtet sind. Stilistisch folgt die Fassadengestaltung mit ihren aufwendigen neubarocken und Renaissanceformen dem Geschmack der Zeit. Auffällig sind vor allem die Prunkfassaden zur Großbeerenstraße und zur Yorckstraße, wo zwei Atlanten den unteren Balkon über der Hofeinfahrt tragen. Typische Renaissance-Elemente sind auch die starken Gebälke als oberer Fassadenabschluss. Bei genauerem Hinsehen sind in den Details der Ornamentik die unterschiedlichen Bauphasen

zu erkennen. In den 1970er- / 80er-Jahren wurde die Anlage behutsam renoviert, die Wohnungen wurden modernisiert. Heute ist Riehmers Hofgarten eine beliebte Wohnadresse. Außerdem finden sich hier Büros und Arztpraxen, Gastronomie und drei Kinos.

Ein zweites Beispiel für eine unkonventionelle Blockbebauung innerhalb des hobrechtschen Straßenrasters ist die mit Stadtvillen bebaute Privatstraße an der Genthiner Straße im Stadtteil Tiergarten.

Architektur
Historismus
O. Mrosk und W. Riehmer 1891–99
Adresse
Kreuzberg, Yorckstraße / Hagelberger Straße / Großbeerenstraße
Anfahrt
U Mehringdamm, Bus M19

Kurfürstendamm

Schon früh zog es die reichen Berliner nach Westen, erst in die Friedrichstadt, dann vor die Stadttore ins Geheimratsviertel, ab Ende des 19. Jh. in die Villenkolonien weit vor der Stadt. Alsen (heute Wannsee) ab 1864, Lichterfelde und Westend ab 1866 machten den Anfang. 1889 kam durch die „Kurfürstendamm-Gesellschaft" der nobelste Wohnvorort hinzu: Grunewald. Und für alle, die nicht ins Grüne wollten, entstand seit den 1890er-Jahren längs des Kurfürstendamms, in der bis dahin unbebauten Gegend zwischen Charlottenburg und Wilmersdorf, ein innerstädtisches herrschaftliches Wohngebiet.

Der Kurfürstendamm um 1910

Der „Kudamm" war jahrhundertelang ein anspruchsloser Knüppeldamm, der das kurfürstliche Jagdschloss Grunewald mit der Residenz verband. Erst 1881 wurde er zu einer 53 Meter breiten Straße ausgebaut – nach einer Anregung Otto von Bismarcks, auf die er bis an sein Lebensende stolz war.

Nun entstanden vor allem in den Nebenstraßen noble Villen, von denen heute nur noch einige wenige Exemplare erhalten sind. Das schönste Beispiel bildet das „Wintergartenensemble" an der Fasanenstraße mit dem Literaturhaus, dem Käthe-Kollwitz-Museum und der Villa Grisebach aus den 1890er-Jahren.

Doch sehr bald wurden die Villen verdrängt durch herrschaftliche Mietshäuser. Die zehn und mehr Zimmer, darunter Salon, Empfangsraum, Bibliothek und was man noch zum Leben brauchte, konnten gut und gern 500 Quadratmeter einnehmen.

Literaturhaus in der Fasanenstraße

Auch in den Erdgeschossen befanden sich oft Wohnungen, doch bald zogen Cafés und Restaurants, Kinos und Kabaretts, Läden und Galerien ein. Der Kudamm wurde zum eleganten Einkaufsboulevard, zur Literaten- und Künstlermeile. Wahrzeichen des „Neuen Westens" wurden die Kaiser-Wilhelm-Gedächtniskirche und das „Romanische Café".

Für die Fassaden wurde wild im Zitatenschatz der Architekturgeschichte gegraben. Heraus kam eine wunderbar bombastische Architektur

mit Türmen, Balkonen und Erkern, Säulen, Giebeln und Gesimsen, alles mit viel Schmuckwerk überzogen. Im Innern bestimmen hohe stuckverzierte Decken sowie prächtige Hauseingänge und Treppenhäuser das Bild.

Etwa die Hälfte der Bebauung ging im Krieg unter, funktionale Bürohäuser haben ihren Platz eingenommen und dem Kudamm damit seinen noblen Charakter genommen, wie auch die oft gedankenlosen Umbauten der Ladenzonen.

Doch noch immer finden sich echte Perlen des historistischen Bombasts am Kudamm und in den Nebenstraßen, gehäuft zwischen Bleibtreu- und Leibnizstraße (das abgebildete Haus befindet sich an der Ecke Kurfürstendamm / Leibnizstraße).

Bis heute ist das Gebiet rings um den Kudamm bewohnt, vor allem die Hinterhäuser und Obergeschosse, auch wenn mittlerweile viele Büros in die alten Riesenwohnungen gezogen sind.

Architektur
Historismus / Jugendstil
ca. 1890–1910
Adresse
Charlottenburg, Wilmersdorf, Kurfürstendamm und Nebenstraßen
Anfahrt
U Kurfürstendamm, U Uhlandstraße, U Adenauerplatz, S Halensee, Bus M19, M29, X10, 109, 110

Berliner Dom

Obwohl das heutige Gebäude gerade erst seinen 110. Geburtstag gefeiert hat, reicht die Geschichte des Berliner Doms bis ins Mittelalter zurück. 1469 wurde an der Schlosskapelle ein Domstift gegründet, das 1536 an die Kirche des aufgelösten Dominikanerklosters südlich des Schlosses verlegt wurde. Doch auch dieser Bau, vom Kurfürsten zur Familiengrablege bestimmt, musste 1747 wegen Baufälligkeit abgebrochen werden. Johann Boumann errichtete am heutigen Ort ein schlichtes Gotteshaus mit Tambourkuppel, das Schinkel 1817–22 umbaute. Es blieb jedoch architektonisch unbefriedigend. Schinkel selbst legte schon 1828 neue Pläne nach Art einer fünfschiffigen Basilika frühchristlicher Form vor. 1842 begonnene Arbeiten nach einem Entwurf von Stüler wurden 1848 eingestellt. Nun entwarf Stüler das Modell eines riesigen Kuppelbaus mit vier Türmen, der mit 48 Metern Spannbreite die Höhe des Petersdoms in Rom erreicht hätte – vergeblich. Ein Wettbewerb 1867 scheiterte, da die Jury keinen Entwurf für angemessen hielt.

Vorgängerbau des heutigen Doms (1870)

Erst 1888 kam durch Julius Raschdorff, Architekturprofessor an der TH Charlottenburg, wieder Leben in die Sache. Sein Plan sah drei nebeneinanderliegende Zentralräume mit Tambourkuppeln und einem riesigen Turm vor. Eine gedeckte Brücke sollte Dom und Schloss verbinden. Auch dieser Entwurf scheiterte, doch der neue Kaiser Wilhelm II. ermunterte Raschdorff zu einem neuen Vorschlag, der in deutlich reduzierten Maßen schließlich verwirklicht wurde – entgegen den Einwänden der Bauakademie, der Dombaukommission und des Domkirchenkollegiums, die ihn aus stilistischen, liturgischen und akustischen Gründen ablehnten. Doch der Kaiser setzte sich über alle Kritik hinweg und erreichte vom Landtag eine Zuschussbewilligung von 10 Millionen Mark. 1894 wurde der Grundstein gelegt, 1905 fand die Einweihung statt.

Predigtkirche mit Orgel, Kanzel und Altar

Die Kirche misst 114 mal 73 Meter, die Kuppel ist bis zum Fuß der Laterne 75 Meter hoch. Der Bau gliedert sich in die Haupt- oder Predigtkirche und die kleine Tauf- und Traukirche; die

Denkmalskirche an der nördlichen Seite wurde 1975 / 76 abgebrochen. Unter der Predigtkirche stehen in der Gruft die Särge der Hohenzollern; einige Sarkophage sind in der Predigtkirche aufgestellt. Es gibt zahlreiche Nebenräume und Treppenhäuser.

1944 schwer beschädigt, konnte die Hauptkirche erst 1993 wieder in Benutzung genommen werden. Die Hauptkuppel und die vier Turmaufsätze waren ursprünglich steiler und aufwendig dekoriert.

Der Dom gilt neben dem Reichstagsgebäude als Hauptwerk des „wilhelminischen Barock" (obwohl in seinen Formen Neorenaissance). Er ist exemplarisch in der Übersteigerung von Größe und Formen und ein Symbol hohenzollernschen Gottesgnadentums.

Architektur
Historismus
Julius Raschdorff 1894–1905, z. T. vereinfacht
Adresse
Mitte, Am Lustgarten
www.berliner-dom.de
Öffnungszeiten
Apr.–Sept. tägl. 9–20 Uhr, Okt.–März 9–19 Uhr, Tel. 030 / 20 26 91 36
Anfahrt
S Hackescher Markt, Bus 100

Theater des Westens

Das Theater des Westens ist ein architektonisches Unikum. Der Vorderbau mit den Hauptfassaden zur Kantstraße (heutiger Haupteingang) und zur Fasanenstraße (einstiger Haupteingang) zeigt eine eigenartige Mischung aus Renaissance-, Empire- und Jugendstil-Elementen, repräsentativ und doch auch leicht und beschwingt.

Über dem rustizierten Sockelgeschoss erhebt sich das hohe, im Innern zwei Stockwerke umfassende Hauptgeschoss mit Säulenordnung und Rundbogenfenstern. Interessant ist die Form der Sprossen, die einen perspektivischen Eindruck vermitteln soll. Den oberen Abschluss bildet eine skulpturenbekrönte Attika. Die blockhaften Ecken werden von Dachlaternen effektvoll bekrönt. Die Inschrift heißt übersetzt: „Dies Gebäude wurde errichtet zur Pflege der Künste."

Das Theater des Westens um 1900

Das Bühnenhaus erinnert an die mittelalterliche Burg Eltz: ein zinnenbekrönter Backsteinbau mit Erkern, Giebeln, Türmchen und reichlich Fachwerk dazwischen. Im Innern dominieren Plüsch und Pomp.

So trifft die Architektur recht genau den Charakter des Theaters: Der leichten Muse widmet man sich hier, seit 1898 in Form von Operetten, heute mit Musicals. Lediglich 1945–61 wurde das Haus als Spielstätte der Deutschen Oper genutzt, und zu diesem Zweck wurde auch die Innenausstattung radikal modernisiert. Seit 1978 herrscht jedoch wieder der alte Prunk.

Berlin hat auch ein reines Jugendstiltheater, ein kleines, aber sehr feines: das Hebbel-Theater (heute HAU 1 = Haus 1 des Theaters „Hebbel am Ufer") in Kreuzberg, errichtet in den Jahren 1907 / 08 von Oskar Kaufmann. Durch die Fassadenverkleidung mit bossierten, d.h. aufgerauten Muschelkalkplatten, wie sie sonst nur für Sockelzonen üblich ist, erhält der Bau etwas Wehrhaftes. Prägendes Moment der Fassade ist der vorgewölbte Fensterbau in einer Wandnische. Der intime Innenraum imponiert vor allem durch die kunstvolle Holztäfelung.

Das gilt noch mehr für Kaufmanns Renaissance-Theater in der Hardenbergstraße (1926 / 27), dessen Fassade kaum das qualitätvolle Innere erahnen lässt. Ebenfalls ein Bau Kaufmanns ist der imposante, nach dem Krieg vereinfacht wiederhergestellte Bau der Volksbühne am Rosa-Luxemburg-Platz (1913–15). Während Deutsches Theater, Berliner Ensemble und

Komische Oper (trotz der modernen Hülle) in neobarocker Pracht errichtet wurden, zeigt sich das Schillertheater im monumental-schlichten Gewand der 1950er-Jahre. Modern und funktional sind die beiden Theaterbauten von Fritz Bornemann: die Deutsche Oper (1956–61) und die Freie Volksbühne (1960–63).

Architektur
Historismus / Jugendstil
Bernhard Sehring 1895–96
Adresse
Charlottenburg, Kantstraße 12
www.theater-des-westens.de
Tel. 030 / 31 90 30
Anfahrt
S / U Zoologischer Garten, U Kurfürstendamm

Stadtgericht Mitte

Das ehemalige Land- und Amtsgericht hinter dem Roten Rathaus war einst das zweitgrößte Bauwerk der Stadt, nur übertroffen vom Schloss. Obwohl 1968 barbarisch dezimiert, ist es vor allem wegen seines imposanten Treppenhauses nach wie vor das interessanteste der zahlreichen prächtigen Gerichtsgebäude Berlins.

Der viergeschossige Komplex erstreckte sich einst über eine Länge von 220 Meter parallel zur S-Bahn-Trasse. Die beiden langen Flügel wurden durch Quertrakte verbunden, zwischen denen sich fünf große und sechs kleinere Lichthöfe befanden. 1968 fiel der nördliche Teil an der Grunerstraße einer Straßenverbreiterung zum Opfer, der vorspringende Risalit an der Littenstraße liegt seitdem nicht mehr in der Mitte der Fassade.

Ursprüngliche Gestalt des Gerichts (1906)

Der Außenbau wurde bei der Wiederherstellung nach dem Krieg stark vereinfacht. Weder das einstige Mansarddach noch die Dachaufbauten wurden rekonstruiert. Das rustizierte Erdgeschoss ist aus Werkstein, die Obergeschosse sind aus verputztem Backstein gemauert. Bei der Sanierung 2009 wurden jedoch die beiden Turmaufsätze rekonstruiert.

Paul Thoemer und Rudolf Mönnich hatten einen typisch wilhelminischen Staatsbau in prachtvollem Neobarock entworfen, doch der ausführende Baumeister Otto Schmalz bevorzugte den Jugendstil, der im Mittelbau der Fassade deutlich anklingt, und gab dem Bau seine größte Sehenswürdigkeit: das Treppenhaus – gleichzeitig Empfangshalle und „Verteiler" in die unterschiedlichen Gebäudetrakte. Es handelt sich um eine hohe, im Grundriss gestreckte Halle auf schlanken, profilierten Pfeilern, zwischen denen emporenartige Umgänge eingespannt sind. An den Längsseiten führen gegenläufige Treppen nach oben. Mit seinen geschwungenen Linien im Grund- wie im Aufriss, aber auch in seinen Detailformen wie Treppengitter, Bodenplatten und Stuckaturen ist es ein Paradebeispiel des Jugendstil. Ein etwas kleine-

Treppenhaus des Stadtgerichts

res, aber ebenso prächtiges zweites Treppenhaus befand sich einst an der Grunerstraße; es fiel dem Straßenbau 1968 zum Opfer. Das Stadtgericht war bis 1990 Sitz des Obersten Gerichts der DDR.

Weitere historistische „Justizpaläste" mit aufwendigen Treppenanlagen finden sich in Moabit, Wedding, Charlottenburg und Schöneberg.

Vor der Hauptfassade des Gerichts steht die Ruine der gotischen Franziskanerkirche, erbaut in der zweiten Hälfte des 13. Jh., bis 1945 eines der bedeutendsten Bauwerke Berlins. Unweit südlich befinden sich die letzten Reste der alten Berliner Stadtmauer, Anfang des 14. Jh. aus Feld- und Backsteinen errichtet, in deren Schatten noch einige kleine Altstadthäuser mit Fassaden aus dem 18. Jh. erhalten geblieben sind.

Architektur
Historismus / Jugendstil
Paul Thoemer, Rudolf Mönnich, Otto Schmalz 1896–1904; nach dem Krieg vereinfacht und verkleinert
Adresse
Mitte, Littenstraße 11–17 / Ecke Grunerstraße
Anfahrt
S / U Alexanderplatz, U Klosterstraße

Märkisches Museum

Am Südufer der Spree gelegen, kurz bevor sie sich in zwei Arme teilt, ist der Turm des Märkischen Museums eine der wichtigsten Landmarken im Stadtbild.

So merkwürdig es auf den ersten Blick anmutet: Der Museumskomplex entstand in einem Zug nach Planungen des Berliner Stadtbaurats Ludwig Hoffmann, der sich in einem Architekturwettbewerb durchgesetzt hatte. Endlich sollte das Märkische Museum, 1874 gegründet und seitdem provisorisch im Palais Podewils untergebracht, ein eigenes Haus erhalten.

Was Stüler schon in den 1840er-Jahren bei der Ausstattung des Neuen Museums im Innern verfolgt hatte, nämlich die Ausstattung der Räume an den Exponaten auszurichten, übertrug Hoffmann (darin Gabriel von Seidls Bayerischem Nationalmuseum in München folgend) auf den Außenbau. Und da das Märkische Museum die geschichtliche und künstlerische Entwicklung der Mark Brandenburg durch die Jahrhunderte hinweg dokumentierte, schuf Hoffmann einen um zwei Innenhöfe gelagerten Komplex ganz unterschiedlicher Bauteile, die vielfach auf konkrete architektonische Vorbilder in Brandenburg zurückgehen. So ist der walmdachbekrönte Turm dem Bergfried der Bischofsburg in Wittstock nachgebildet, die durchbrochenen Schaugiebel und der Ornamentbesatz der gotischen Fassadenteile haben ihr Vorbild in der Katharinenkirche in Brandenburg / Havel.

Baumeister Ludwig Hoffmann

Auch das Innere wurde auf die Sammlungen abgestimmt, gewölbte Gänge und Räume sollen auf die mittelalterlichen Exponate einstimmen. Zudem wurden einige originale Architekturteile eingebaut, z.B. das monumentale Backsteinportal von 1316 vom „Hohen Haus", der mittelalterlichen Residenz der Markgrafen in Berlin (Klosterstraße). Neben dem Haupteingang steht eine Kopie des Rolands vom Altstädter Rathaus in Brandenburg / Havel. Das Märkische Museum ist heute das Haupthaus der Stiftung Stadtmuseum Berlin und soll in den kommenden

Roland der Stadt Brandenburg

Jahren grundlegend saniert werden. Südlich des Museums liegt der kleine Köllnische Park, in dem seit 1939 zwei Exemplare des Berliner Wappentiers, des Bären, lebten. Nach dem Tod von Maxi 2013 und Schnute 2015 bleibt die Anlage unbewohnt, die künftige Nutzung ist offen.

In unmittelbarer Nähe des Märkischen Museums kann man drei interessante moderne Bauten sehen: das 1903 / 04 entstandene Versicherungsgebäude (Am Köllnischen Park 3) von Alfred Messel, die über 100 Meter lange expressionistische Fassade der ehemaligen AOK-Zentrale Berlin von Albert Gottheimer 1930 / 31 (Rungestraße 3–6) und vor allem das Gewerkschaftshaus von Max Taut und Franz Hoffmann 1922 / 23 (Wallstraße 61–65), der erste Bau überhaupt, bei dem die (Stahlbeton-) Rasterkonstruktion zum bestimmenden Element der Fassade wurde.

Architektur
Historismus
Ludwig Hoffmann 1901–07
Adresse
Mitte, Am Köllnischen Park 5
www.stadtmuseum.de
Öffnungszeiten
Di–So 10–18 Uhr, Tel. 030 / 24 00 21 62
Anfahrt
U Märkisches Museum, S / U Jannowitzbrücke

Deutsche Staatsbibliothek Unter den Linden

Nachdem die Alte Bibliothek am Forum Fridericianum für die Sammlung der Preußischen Staatsbibliothek, der einstigen Königlichen Bibliothek, zu klein geworden war, ließ Kaiser Wilhelm II. das Akademiegebäude von 1743 abreißen und 1903–14 von Ernst Ihne einen repräsentativen Neubau errichten. Der 170 mal 106 Meter große Baublock erhielt eine prächtige neobarocke Fassade. Über einem rustizierten Sockelgeschoss erheben sich zwei Hauptgeschosse, zwischen deren Schmuckbesatz die Fenster des Zwischengeschosses eingelassen sind. Das Dach wird durch eine Attika verdeckt, der dreiachsige Mittelrisalit zu den Linden durch kolossale Halbsäulen als Eingangsbereich ausgewiesen. Der Zugang zur Bibliothek führt über einen efeubewachsenen Vorhof.

Ernst Ihne entwarf die Bibliothek (1900)

Durch die Kriegszerstörungen hat der Baukomplex sein Zentrum verloren: den Lesesaal mit einer gewaltigen Kuppel (mit 38 Metern Spannweite). Heute sind die Benutzerplätze auf verschiedene kleinere Säle verteilt. An die Stelle des Kuppelsaals wurden zunächst zwei Magazintürme mit 13 Geschossen gesetzt. Inzwischen sind diese wieder abgerissen, und bis 2011 entsteht nun als neuer zentraler Lesesaal ein gläserner Kubus nach Plänen des Architekten HG Merz.

Der Komplex umfasst einen Teil der Staatsbibliothek, die Bibliothek der Humboldt-Universität im rückwärtigen Bereich und im vorderen Lindenflügel die Akademie der Wissenschaften.

Die Staatsbibliothek ist ein gutes Beispiel für den vom Kaiser gewünschten Repräsentationsstil, der das seit der Reichsgründung gewonnene neue Selbstgefühl darstellen sollte. Hatte es anfangs noch Versuche gegeben, den Klassizismus der Schinkelschule durch Renaissanceformen zu beleben (Martin-Gropius-Bau, s. S. 86f.), so wurden sie bald überrollt durch die aus Paris kommende Entwicklung zu bewegteren Fassaden. Immer bombastischere Renaissance- und Barockformen mit Kolossalsäulen, Kuppeln, Turmaufsätzen u. Ä. beherrschten nicht nur die Fassaden der öffentlichen Bauten, sondern bald auch das Straßenbild in den Wohnvierteln.

Gebremst wurde dieser Trend durch die langjährig amtierenden Stadtbauräte Hermann Blankenstein (1872–96) und Ludwig Hoffmann (1896 bis 1925), der eine mit nüchtern-konservativem Geist dem Spätklassizismus

verhaftet, der andere mit seinem offenen, vom Jugendstil beeinflussten Eklektizismus zur Moderne vermittelnd. Beide sind mit ihren zahlreichen Schul- und Verwaltungsbauten noch immer im Stadtbild präsent.

Ernst Ihne dagegen, in Paris ausgebildet, 1888 zum kaiserlichen Hofarchitekten ernannt und 1906 geadelt, wurde mit der Staatsbibliothek, dem Bode-Museum, dem Neuen Marstall u. a. Bauten zum bestimmenden Architekten des „wilhelminischen Barock".

Architektur
Historismus
Ernst Ihne 1903–14
Adresse
Mitte, Unter den Linden 8
Anfahrt
U Französische Straße, S / U Friedrichstraße

Bode- und Pergamonmuseum

21 Jahre waren seit der Eröffnung der Nationalgalerie 1876 vergangen, als auf der Museumsinsel der nächste Grundstein gelegt wurde. Dabei hatte es schon 1882 einen Architekturwettbewerb gegeben, dessen Ergebnisse jedoch als unzulänglich empfunden worden waren. Schließlich erhielt Ernst Ihne den Auftrag zum Bau des Kaiser-Friedrich-Museums, des heutigen Bode-Museums (großes Foto). Majestätisch spiegelt sich der Neobarockbau in den Wassern der hier zusammenfließenden Spreearme. Seine Kuppel, unter der sich im Innern eine Ruhmeshalle befindet, setzt an dieser herausgehobenen Stelle einen städtebaulichen Akzent. An der gerundeten Spitze befindet sich der Eingang. Um diesen zu erreichen, mussten die beiden Brücken gebaut werden. Die nach außen dreiflüglige Anlage entpuppt sich im Innern als vielteiliger Komplex mit insgesamt fünf Lichthöfen. Das Bode-Museum wurde bis 2005 generalsaniert.

Pergamonaltar im gleichnamigen Museum

Als letzter Bau der Museumsinsel entstand in den Jahren 1912–30 das Pergamonmuseum, das wegen der sich rasch erweiternden Antikensammlung den ganzen Platz zwischen Neuem Museum, Nationalgalerie sowie der S-Bahn-Strecke einnehmen musste und hohe Oberlichtsäle erforderte. Die Pläne stammten von Alfred Messel, der durch seine Kaufhausarchitektur (Wertheim am Leipziger Platz und an der Rosenthaler Straße, z.T. noch erhalten) berühmt geworden war, aber schon vor Baubeginn starb. So begannen die Arbeiten 1912 unter der Leitung seines Jugendfreunds Ludwig Hoffmann, doch sie zogen sich bis 1930 hin und blieben letztlich unvollendet. Geplant waren über die bestehende Dreiflügelanlage hinaus: eine Kolonnade zwischen den Seitenflügeln am Kupfergraben, ein eingeschossiger Erweiterungsbau des Neuen Museums längs des Wassers (auch derzeit in der Planung zur Restaurierung des Neuen Museums), eine Eingangshalle (der heutige Glaskasten stammt von 1982) sowie ein Verbindungstrakt zum Bode-Museum, das durch die S-Bahn-Trasse vom Rest der Insel abgeschnit-

Große Kuppelhalle im Bode-Museum

ten ist. Zudem sollte das Gebiet gegenüber der Hauptfront städtebaulich neu geordnet werden.

Kolossale, d. h. beide Geschosse übergreifende dorische Pilaster gliedern die Seitenflügel, an den Stirnseiten tragen Halbsäulen die auffällig steilen Giebel. Hoffmann wandelte Messels schweren „Staatsbarock" in klassizistische Formen ab, die zur Architektursprache des Neuen und Alten Museums überleiten. Durch den fensterlos erratischen, hohen Mittelbau, aber auch aufgrund der flächigen Seitenflügel wirkt der Komplex enorm massig. Seit 2008 wird das Museum nach Plänen des Büros Oswald Mathias Ungers abschnittsweise saniert. Der Ehrenhof soll durch einen aufgeständerten gläsernen Flügel längs der Spree geschlossen werden.

Architektur
Historismus mit modernem Einschlag
Bode-Museum: Ernst Ihne 1897–1904
Pergamonmuseum: Alfred Messel, Ludwig Hoffmann 1912–30
Adresse
Mitte, Kupfergraben (Museumsinsel)
www.smb.museum
Öffnungszeiten
Di–Mi, Fr–So 10–18 Uhr, Do 10–20 Uhr, Tel. 030 / 266 42 42 42
Anfahrt
S Hackescher Markt, S / U Friedrichstraße, Bus 100

Hackesche Höfe

Vor dem Spandauer Tor hatte sich bis etwa 1700 die dichtbesiedelte Spandauer Vorstadt gebildet, die 1712 mit der Sophienkirche ihr eigenes Gotteshaus erhielt. 1732–34 ließ Friedrich Wilhelm I. eine neue Stadtmauer um das nun wesentlich erweiterte Stadtgebiet ziehen, und die einstigen Vorstädte wurden zu Stadtteilen. Die alten Festungsanlagen verschwanden, vor dem Spandauer Tor ließ Stadtkommandant Graf von Hacke einen Markt anlegen.

Hier war das Gebiet, in dem sich später zahlreiche Juden ansiedelten, vor allem aus dem Osten Europas kommend. Nicht weit vom Hackeschen Markt, in der verschwundenen alten Heidereutergasse, wurde 1714 die erste Berliner Synagoge eingeweiht, an der Großen Hamburger Straße entstand der erste jüdische Friedhof.

Hackesche Höfe und Neuer Hackescher Markt

Das eigentliche jüdische Viertel Berlins war das sogenannte Scheunenviertel in der östlichen Spandauer Vorstadt. Wohlhabend geworden, zogen viele Juden nach Westen, in Richtung Oranienburger Straße, wo 1866 die Neue Synagoge entstand. So bürgerte sich der Begriff Scheunenviertel für die gesamte Spandauer Vorstadt ein.

Als das Viertel um die Jahrhundertwende vom wirtschaftlichen Aufschwung erfasst und zur repräsentablen Adresse wurde, erwarb ein Mann namens Quilitz die Grundstücke Rosenthaler Straße 40 und 41 sowie Sophienstraße 6, ließ die Gebäude abreißen und einen Komplex mit acht Hinterhöfen errichten, den größten in Europa. Restaurants und Gewerbe, Geschäfte und Wohnungen sollten entstehen, eine bunte Mischung, die sich gut vermieten ließe.

Die Ausgestaltung des ersten Hofs übernahm August Endell, der ihn zu einem Schmuckstück des Jugendstils machte. Auch schuf er zwei Festsäle für das Weinlokal Neumann, von denen leider nur einer erhalten ist und heute vom Chamäleon Varieté genutzt wird. Im rückwärtigen Teil des Restaurants Hackescher Hof ist noch die originale Deckengestaltung erhalten.

Die Hackeschen Höfe wurden tatsächlich eine bunte Melange verschiedenster Dienstleister, Fabriken und Läden. Die Wohnungsmieter waren Kaufleute und Fabrikbesitzer, Beamte und Gastwirte. 1916 bezog der Jüdische Mädchenclub sein Domizil, letzter Besitzer vor dem Krieg war der jüdische Kaufmann Jacob Michael.

In den 1990er-Jahren saniert, sind die Hackeschen Höfe derzeit einer der lebendigsten Orte Berlins. Während die Höfe originalgetreu restauriert wurden, hat man die Fassade zum Hackeschen Markt modernisiert, vor allem der rundbogige obere Abschluss entspricht weder dem Ursprungs- noch dem langjährigen Vorsanierungszustand.

Gegenüber entstand das aus neun Vorder- und drei Hinterhäusern bestehende Ensemble „Neuer Hackescher Markt" nach einem Masterplan der Berliner Architekten Götz Bellmann und Walter Böhm (die einzelnen Bauten stammen von insgesamt vier Architekturbüros), das dem Hackeschen Markt eine prägnante und gleichzeitig lebendige Fassung gibt.

Architektur
Historismus / Jugendstil
1905–07 Kurt Berndt, August Endell; Fassade verändert
Adresse
Mitte, Hackescher Markt
www.hackeschehoefe.de
Anfahrt
S Hackescher Markt

U-Bahnhof Wittenbergplatz

Die „durch Hochführung des Bahnhofsgebäudes bewirkte Verunstaltung des Wittenbergplatzes und seiner Umgebung" war 1913 ein großes Thema in den Medien. Stein des Anstoßes war das 15 Meter aufragende Gebäude der Schalterhalle, „durch das die Anwohner der Kleiststraße in ihren materiellen Verhältnissen auf das schwerste geschädigt sind" und „das in seinen Größenverhältnissen zum Sperrblock zwischen der Tauentzien- und der Kleiststraße geworden ist, beide Straßen voneinander einfach trennt und sie in der Perspektive zu Sackgassen macht".

Wie sich die Zeiten ändern. Seit das lang vernachlässigte Gebäude 1980 unter Denkmalschutz gestellt und 1983 (vereinfacht) renoviert wurde, gilt es als ein Schmuckstück der mit architektonischen Kostbarkeiten nicht gerade übersäten Berliner City-West.

Westlicher Eingang zum Bahnhof

Alfred Grenander, 1899–1931 Hausarchitekt der Hoch- und U-Bahn, entwarf für den Umsteigebahnhof eine kreuzförmige Eingangs- und Schalterhalle in neoklassizistischen Formen mit quadratischem Turmaufsatz. Sie dient auch dem Übergang zwischen den drei Bahnsteigen mit fünf Gleisen – ein sechstes wurde nicht gebaut, daher die Asymmetrie der Anlage. Der Stahlfachwerkbau ist mit Muschelkalkplatten verkleidet.

Berlin hätte durchaus die erste Stadt Europas mit einer U-Bahn werden können. Schon 1867 hatte Werner Siemens erste Pläne für eine elektrische Hochbahn entwickelt. Doch der Widerstand bei Behörden und in der Öffentlichkeit war enorm. Erst 1893 erfolgte die königliche Genehmigung zum Bau der ersten Berliner Hochbahn, die nun auf Rechnung der Firma Siemens errichtet und betrieben werden sollte, und zwar im Süden der Stadt, als Gegenstück zur nördlichen S-Bahn-Trasse, dort, wo sie niemanden störte. Eröffnet wurde sie 1902. Auf Berliner Stadtgebiet wurde die Bahn auf Stelzen gestellt, die Stadt Charlottenburg bestand dagegen auf einer „Unterpflasterbahn", und so verschwindet sie seitdem an der einstigen Stadtgrenze, zwischen Nollendorf- und Wittenbergplatz, im Untergrund.

Stadtbildprägend sind vor allem die Hochbahnhöfe der U1 in Kreuzberg und Schöneberg. Insbesondere einen Blick wert sind neben der Oberbaumbrücke (Otto Stahn 1894–96) der Bahnhof Schlesisches Tor als einziger massiver Mauerwerksbau, mit malerischem und stilistisch buntem Erschei-

nungsbild, das auf den ersten Blick kaum einen Hochbahnhof vermuten lassen würde (Grisebach und Dinklage 1899–1901), der Görlitzer Bahnhof, der sein ursprüngliches Aussehen als einfacher „Normaltyp" bis heute bewahrt hat, und der Bahnhof Kottbusser Tor, 1928/29 von Grenander in stattlichen Dimensionen errichtet.

Architektur
Historismus
Alfred Grenander 1910–13
Adresse
Schöneberg, Wittenbergplatz
Anfahrt
U Wittenbergplatz

AEG-Turbinenhalle

„Kommen Sie nach Berlin, so vergessen Sie nicht, sich das Turbinenhaus der AEG von Peter Behrens anzusehen. Sie müssen das gesehen haben!", schrieb 1914 der junge Erich Mendelsohn. Das bahnbrechend Neue an diesem Bau wird erst klar, wenn man sich die vorherige Entwicklung vergegenwärtigt. Kleinere Industriebauten wurden oft von heute unbekannten Bau- oder Maurermeistern entworfen, große Gebäude und Fertigungshallen meist von Bauingenieuren; zur Fassadengestaltung zog man namhafte Architekten hinzu. So entwarf Franz Schwechten, Architekt der Kaiser-Wilhelm-Gedächtniskirche und des Anhalter Bahnhofs, für die AEG-Bauten in der Acker- und in der Brunnenstraße die Fassaden. Doch das war keine Industriearchitektur im eigentlichen Sinne, die Fassaden waren – zeittypisch – eine beliebige Kulisse, ohne Bezug zur Funktion der Gebäude und in ihren Formen auf jede Bauaufgabe anwendbar.

Peter Behrens (Titzenthaler, um 1913)

1907 berief Emil Rathenau Peter Behrens, ursprünglich als Maler ausgebildet, zum künstlerischen Berater der AEG, zuständig für das gesamte Erscheinungsbild der Firma. Behrens, in dessen Büro Leute wie Gropius, Mies van der Rohe und Le Corbusier arbeiteten, entwarf nicht nur eine neue „Corporate Identity" und zeichnete verantwortlich für das Design sämtlicher AEG-Produkte, sondern schuf mit der Turbinenhalle in Moabit 1909 den Leitbau der modernen Industriearchitektur.

Erstmals überhaupt zeigte die öffentliche Fassade eines Industriebaus die nackte Konstruktion: Die Stahlbinder liegen mit ihren Gelenken unverkleidet vor der Glasfassade, die sich leicht nach innen neigt, den inneren Stützen folgend. Auch der sechsfach gebrochene Giebel der Stirnwand folgt der inneren Konstruktion. Doch hier wird auch klar, dass es Behrens nicht darum ging, die bloße Konstruktion darzustellen: Scheinbar ruht der Giebel auf der Glasfront, das Prinzip von Tragen und Lasten wird durch die rückspringenden gequaderten Eckpfeiler verkehrt. Die massiven, konstruktiv unnötigen Eckpylone geben der Front eine Schwere, die Vertrauen einflößen sollte – den Arbeitern wie auch der Außenwelt. Die Architektur selbst wurde zum Werbemedium.

Erst im Vergleich mit den „klassischen" Fassaden aus Säulen, Dreiecksgiebeln und neobarockem Zierrat wird die bahnbrechende Neuerung des

Behrens'schen Baus deutlich, die auf die Zeitgenossen starken Eindruck machte, wenngleich die Stirnseite von nachfolgenden Architekten als Zugeständnis an die Tradition kritisiert wurde.

Die Halle war ursprünglich 110 Meter lang, 1939 wurde sie in deutlich schwächerer Architektur auf über 200 Meter verlängert. Zum Werksgelände hin wird sie von einer zweigeschossigen werksteinverkleideten Halle begleitet.

Architektur
Klassische Moderne (Funktionalismus)
Peter Behrens 1909
Adresse
Tiergarten (Moabit), Huttenstraße 12–19
Anfahrt
U Turmstraße, Bus M27, 126

Werksanlagen Siemensstadt

Nur in Siemensstadt konnte sich ab 1899 ein eigenständiger Berliner Industriestadtteil mit Werksanlagen, Wohnvierteln und Versorgungseinrichtungen herausbilden. Sein Erscheinungsbild wurde vor allem von einem Mann geprägt: Hans Hertlein, der als Direktor der firmeneigenen Bauabteilung 1915–51 nicht nur die Werksgebäude, sondern das ganze Stadtviertel einheitlich gestaltete. Hertleins erster „moderner" Bau war das Wernerwerk M, errichtet 1917–22. Zwar folgte er der von seinem Vorgänger Karl Janisch begonnenen Blockrandbebauung, doch verzichtete er auf jegliche Ornamentik. Konstruktive Klarheit in der Gestaltung ersetzte die „repräsentative Fassade".

Ursprünglich sollte der fünfgeschossige Komplex zwölf Höfe umschließen, realisiert wurden jedoch nur drei Innenhöfe. Die kriegszerstörte Anlage wurde vereinfacht wiederhergestellt. Dominiert wird die Werksanlage von dem 70 Meter hohen Turm, der einen Schornstein für das integrierte Heizkraftwerk und einen Wasserbehälter kaschiert. Mit seiner großen Uhr erhebt er sich über der Siemensstadt wie die Rathaustürme über den damals noch selbstständigen Großberliner Gemeinden. Die Werksturmidee wurde wenige Jahre später von Eugen Schmohl für Borsig in Tegel und Ullstein in Tempelhof aufgegriffen.

Bahnbrechend neue Formen fand Hertlein für das Schaltwerkhochhaus, errichtet 1926–28 (Foto). Losgelöst vom starren Blockschema, setzte er eine 175 Meter lange, 16 Meter breite und 45 Meter hohe Scheibe in Nord-Süd-Richtung. Der Bau ist als Stahlskelett konstruiert, die Wände wurden mit Ziegeln ausgefacht und mit Klinkern verkleidet. Die zehn Geschosse sind im Innern stützenfrei, die Raumeinteilung kann also entsprechend den innerbetrieblichen Abläufen und Erfordernissen flexibel gestaltet werden.

Die Treppenhäuser (mit Entsorgungseinrichtungen) sind aus dem Kernbau ausgelagert und wirken in ihrer massigen Blockhaftigkeit als vertikale Gegengewichte zum langgezogenen Hochhausriegel. Die Fassade entbehrt jeglichen Schmucks und wird nur durch die vorgezogenen Stützen gegliedert – ein bekanntes Gestaltungsprinzip, das hier aber ins Monumentale gesteigert wird.

Gleiches gilt für Hertleins Wernerwerk-Hochhaus (1928–30). Während das Wernerwerk M und das Schaltwerkhochhaus sich mitten auf dem Werksgelände befinden, ist das Wernerwerk-Hochhaus, weil direkt am Siemensdamm gelegen, gut zugänglich.

Hertleins Konzept einer flächensparenden Produktionsanlage wurde

nicht weiterverfolgt. Stattdessen haben wir uns heute an die auswuchernden Gewerbeflächen mit ihren fensterlosen Kästen ohne jeden künstlerischen Anspruch gewöhnen müssen.

Architektur
Klassische Moderne (Funktionalismus / Neue Sachlichkeit)
Hans Hertlein ab 1915
Adresse
Spandau, Wernerwerk M, Wernerwerkdamm 1–4; Schaltwerkhochhaus, Nonnendamm 101–110 hinter der Hauptverwaltung; Wernerwerk-Hochhaus, Siemensdamm 50–55
Anfahrt
U Rohrdamm, U Siemensdamm

Mossehaus

Ein Bauwerk machte Erich Mendelsohn mit 33 Jahren 1920 weltberühmt: der Einsteinturm in Potsdam, gerühmt als „Expressionismus in Vollendung" und bis heute einzigartig. Mendelsohn wurde daraufhin mit Aufträgen überschüttet und leitete jahrelang das größte Architekturbüro Deutschlands mit über 40 Angestellten. 1921–23 schuf er einen weiteren bahnbrechenden Bau: das Mossehaus.

Das Druck- und Verlagshaus des Berliner Tageblatts, Herausgeber war Rudolf Mosse, war 1900–03 von Cremer und Wolffenstein als Sandsteinbau in neobarocken Formen mit Jugendstilanklängen errichtet worden. Als bei Straßenkämpfen kurz nach dem Ersten Weltkrieg der auf der Ecke liegende Eingangsbereich zerstört worden war, beauftragte Mosse Erich Mendelsohn mit der Erneuerung und gleichzeitigen Aufstockung des Hauses um zwei Stockwerke.

Erich Mendelsohn (1925 oder früher)

Mendelsohn brach die Fassade völlig auf und setzte einen extrem horizontal betonten Bauteil aus ganz anderen Materialien (Eisen und Keramik) in den Altbau ein, den er unverändert beließ. Der Eingangsbereich wird durch ein kräftiges Gesims überdacht; darüber sind breite Fensterbänder übereinandergeschichtet, die in den oberen zwei Stockwerken den ganzen Baukörper überfangen. Der Eckteil ist durch ein weiteres Obergeschoss zusätzlich betont. Der Bau und vor allem die Ecke erhalten eine atemberaubende Dynamik.

„Aus der alten Fassade, sie gleichsam aufsprengend, erhebt sich die Dynamik der neuen Zeit", schrieb ein zeitgenössischer Architekturkritiker und deutete das Mossehaus als „ein Denkmal der ringenden Kämpfe unserer Zeit".

Erich Mendelsohn galt als der Großstadtarchitekt par excellence. Uneingeschränkt bejahte er die Metropole mit ihrem Verkehr, ihrem Tempo und ihrer Bewegung, ihren Menschenmassen und vor allem ihrem Kunstlicht. Er sah sie als komplexes Gebilde, dessen Gelenke die Ecken und Kreuzungen sind. Nicht mehr die Fassadenmitte ist der herausgehobene Gebäudeteil, sondern die Ecken, die in den Verkehrsraum hineingreifen und ihm Richtung geben. Das Gebäude bekennt sich als Teil seines Umfeldes, wird aber gleichsam selbst aktiv.

Die adäquateste Form war für ihn die Horizontale. Durch lange Fenster-

bänder und ausschwingende gläserne Treppenhäuser fand er für seine berühmten Geschäftsbauten in Stuttgart, Leipzig oder das nach dem Krieg abgerissene Columbushaus am Potsdamer Platz in Berlin eindrucksvolle, vielfach nachgeahmte Fassadenlösungen, die auch und vor allem nachts bei voller Beleuchtung eine eindrucksvolle Wirkung hatten.

Ein weiterer bemerkenswerter Bau Erich Mendelsohns steht nur zehn Minuten Fußweg entfernt: das IG-Metall-Haus an der Kreuzberger Alten Jakobstraße. Auch hier dominieren horizontale Fensterbänder, doch sind die Ecken nicht mehr gerundet. Der ganze Block wirkt ruhig gelagert.

Architektur
Klassische Moderne (Expressionismus)
Erich Mendelsohn 1921–23; auf einem Altbau von Cremer u. Wolffenstein 1900–03
Adresse
Mitte, Schützenstraße 25
Anfahrt
U Spittelmarkt

Borsigturm

Erst 1922 erhielt Berlin sein erstes Hochhaus – weitab vom Stadtzentrum auf dem Firmengelände der Tegeler Borsigwerke. Dort steht es heute als eines der letzten Relikte einer vergangenen Industrie-Epoche. Ringsum ist vieles abgerissen, neue Architektur hat die Brachen bislang nur zum Teil gefüllt.

Damals jedoch waren es die beengten Platzverhältnisse, die den Anstoß zum Turmbau gaben – die Grundfläche des 65 Meter hohen Turmes beträgt 20 mal 16 Meter.

Schnell wurde der Turm zum Wahrzeichen der Borsigwerke, die 1827 von August Borsig vor dem Oranienburger Tor gegründet und nach wenigen Jahrzehnten zum größten Lokomotivproduzenten Europas geworden waren. 1894/95 bezog man das neue Werksgelände in Tegel, das Stück für Stück erweitert wurde. Die Wirtschaftskrise von 1929 hat der als Familienunternehmen geführte Konzern nicht überlebt. Nach mehreren Besitzerwechseln existiert die Firma Borsig noch heute, das Werksgelände in Tegel aber wurde aufgegeben.

Sockel des Borsigturms und Borsighallen

Der Turm entstand als Stahlskelettbau, dessen Fassaden aus Backstein gemauert sind. Das Treppenhaus ist auf der Südseite vorgelagert. Im Innern wird die Konstruktion von sechs Ständern getragen, sodass die Geschossflächen frei unterteilbar sind, vom Großraumbüro bis zu sechs annähernd gleich großen Räumen. Durch kräftige Gesimse ist der Bau über dem Sockelgeschoss in drei Abschnitte zu je drei Stockwerken gegliedert. Die Fenster sind zu Dreiergruppen zusammengefasst und durch Lisenen gegliedert. Auf diesem ruhig gelagerten, Vertikale und Horizontale austarierenden Unterbau erhebt sich ein expressionistisch-gezackter, hochstrebender Dachaufbau, in dem der Festsaal untergebracht ist. Die hohen, schmalen Rundbogenfenster sind von Blendbögen überfangen. Bekrönt wird der Turm durch einen weiteren kleinen Aufsatz.

Architekt dieses ersten Berliner Hochhauses war Eugen Schmohl, der wenig später auch das Ullsteinhaus in Tempelhof – ebenfalls mit einem Turm – baute. Vorbild war vermutlich der von Hans Hertlein nach 1917 erbaute Turm des Wernerwerks (s. S. 116f.) in Siemensstadt, aber es gab natürlich auch zahlreiche amerikanische Vorbilder. Anders als der Wernerwerkturm und der Ullsteinturm birgt der Borsigturm tatsächlich Büros und ist nicht nur imposante Hülle für Schornsteine und Wasserbehälter. Darü-

ber hinaus wurde hier erstmals in der Berliner Industriearchitektur expressionistisches Formengut angewandt.

Der Borsigturm wurde in den 1970er-Jahren renoviert und wird heute als Bürogebäude genutzt. Nach einem städtebaulichen Konzept von Claudio Vasconi entstanden ringsum seit 1996 ein Hotel, Bürogebäude und ein Gründerzentrum. Hauptattraktion des Borsig-Areals sind die zu einer Einkaufspassage umgebauten alten Werkshallen.

Architektur
Klassische Moderne (Expressionismus)
Eugen Schmohl 1922–24
Adresse
Reinickendorf (Tegel), Berliner Straße 27
Anfahrt
U Borsigwerke

Funkturm und Messegelände

Der Funkturm ist eines der Wahrzeichen Berlins, seit er 1926 anlässlich der 3. Deutschen Funkausstellung feierlich eröffnet wurde. Trotz seiner aus heutiger Sicht geringen Höhe von 138 Meter (mit Antenne 150 Meter) erregte er bei seinem Bau viel Aufsehen. Denn während der Eiffelturm für 300 Meter Höhe eine Bodenfläche von 129 mal 129 Meter benötigt, kommt der Funkturm mit nur 20 mal 20 Metern aus. Das Verhältnis von Grundfläche zur Höhe beträgt beim Eiffelturm 1:2,3, beim Funkturm 1:6,9 – ein Wert, den nur Stahlbetontürme übertreffen.

Die nur 400 Tonnen schwere Stahlkonstruktion trägt in 55 Metern Höhe auf zwei Geschossen eine um fünf Meter auskragende Kanzel mit einem Restaurant. In 125 Metern Höhe befindet sich die Aussichtsplattform. Seit 1963 wird der Sendemast auf der Turmspitze nur noch für den Polizeifunk genutzt. Von oben hat man einen idealen Blick auf die neun Kilometer lange, fast schnurgerade Avus, die „Automobil-Verkehrs- und -Übungsstraße", die 1921 als erste reine Autostraße Europas eröffnet wurde. Bis 1998 wurden hier Rennen gefahren.

Ehrenhalle der Berliner Messe

Das Messegelände, in das der Funkturm heute eingebettet ist, geht auf eine Planung von Martin Wagner und Hans Poelzig aus dem Jahr 1928 zurück. Sie sah eine ringförmige Anlage der Messehallen vor, um diese auch bei Regen trockenen Fußes besichtigen zu können. Ein ovales Messegebäude sollte mit dem gegenüberliegenden Haus des Rundfunks korrespondieren. Stattdessen entstand 1934–36 nach Plänen von Richard Ermisch eine 35 Meter hohe Ehrenhalle mit Vorbau, die von zwei 100 Meter langen Hallentrakten eingefasst ist. Ihre Fassaden nehmen die Vertikalität des gegenüberliegenden Funkhauses auf, übertragen dessen Expressivität jedoch in starre Monumentalität. Ermischs Gesamtplan wurde nie verwirklicht; ein Großteil der Messehallen wie auch die älteren Hallen am Ort des heutigen Omnibusbahnhofs (von 1914 und 1924) wurden im Zweiten Weltkrieg zerstört. Das heutige Messegelände stellt sich in einer Vielzahl verschiedenster Konstruktionen, Stile und Materialien dar. Paradebeispiele der luftig-eleganten 1950er-Jahre-Architektur sind zwei Bauten von Bruno Grimmek: das George-C.-Marshall-Haus mit dem ERP-Pavillon (1950 mit Werner Düttmann) und das Palais am Funkturm (1957). 1990–99 wurde das Messegelände nach Süden hin erweitert. Die

Grundrisse und Fassaden der neuen Hallen und des Eingangs Süd entwickelte Oswald Mathias Ungers aus einem quadratischen Grundraster.

Die südlich vorgelagerte Deutschlandhalle, erbaut 1935 zu den Olympischen Spielen als damals größte Mehrzweckhalle der Welt, ist seit 2005 geschlossen und wurde, obwohl denkmalgeschützt, 2011–14 abgerissen und durch eine neue Ausstellungshalle namens CityCube Berlin ersetzt.

Architektur
Klassische Moderne
Funkturm: Heinrich Straumer 1924–26
Adresse
Charlottenburg, Masurenallee 1
Öffnungszeiten
Funkturm: Mo 10–20 Uhr, Di–So 10–23 Uhr, Tel. 030 / 30 38 19 05
Anfahrt
U Kaiserdamm, S Messe-Nord / ICC

Abspannwerk Leibniz / MetaHaus

Am 1. Oktober 1920 wurde Berlin zur flächenmäßig größten und bevölkerungsmäßig drittgrößten Stadt der Welt (nach London und New York). Berlin und sieben weitere Städte, 59 Landgemeinden und 27 Gutsbezirke bildeten nun Groß-Berlin. Ein Jahr später wurde ein Konzept zur einheitlichen Stromerzeugung und -verteilung in Berlin verabschiedet, das in Ost-Berlin bis in die 1980er-, in West-Berlin bis in die 1990er-Jahre gültig war: Der in den Kraftwerken am Rande der Stadt erzeugte Strom wurde als 30-kV-Drehstrom an zehn über die Stadt verteilte „Abspannwerke" geleitet, dort auf 6 kV abgespannt und weiter an kleinere Stationen und Stützpunkte verteilt, die wiederum die Haushalte mit 220-V-Drehstrom versorgten. Zur Umsetzung des Konzeptes wurden 1923 die Berliner Elektrizitätswerke „Bewag" gegründet, die Leitung des Bewag-Baubüros übernahm der Architekt Hans Müller (seinen zweiten Taufnamen Heinrich benutzte er selbst nie), der zuvor Gemeindebaudirektor von Steglitz gewesen war. Von 1924 bis 1930 entstanden zehn Abspannwerke und rund fünfzig Verteilerstationen in ganz Berlin, die großenteils erhalten geblieben und durch ihre einheitliche Architektur sofort zu erkennen sind – obwohl jeder einzelne Bau ganz individuell gestaltet ist.

Sie alle sind aus Backstein aufgemauert, in klaren, schlichten Formen gestaltet und zeigen nur wenige expressionistische Ornamente, ganz typisch sind schwere Kranzgesimse. Die Wände sind oft nur durch engstehende schmale und hohe Fenster geöffnet, die Baukörper oft durch Türme und die Staffelung verschiedener Bauteile in Spannung gesetzt. Von ihren Proportionen her waren die Abspannwerke in die umgebende Gründerzeitarchitektur eingepasst, und doch erhalten sie durch das Material und ihre reduzierte, fast archaisch anmutende Form eine Aura der Distanz und des Geheimnisses, die perfekt zu der Bauaufgabe passt. Schließlich ist die Elektrizität eine unsichtbare tödliche Kraft, die dem Laien rätselhaft bleibt.

Das Abspannwerk Leibniz in Charlottenburg entstand 1925 in nur sieben Monaten Bauzeit, 1952 wurde es zur Bahntrasse hin erweitert.

Die Funktionsräume sind auf einen langen schmalen Innenhof hin ausgerichtet, die Fluchttreppenhäuser liegen in den Gebäudeecken, von außen ablesbar an den vertikalen Fensterschlitzen. Die großen Backsteinwände sind ansonsten ungegliedert, die beiden Reihen kleiner umrahmter Fenster erklären sich aus den Kabelböden. Der Bau ist von der Leibnizstraße ein Stück zurückgesetzt, das starke Gesims unter der Dachkante erhöht den Eindruck des Monumentalen. 1996–2001 wurde der funktions-

los gewordene Bau vom Architektenehepaar Petra und Paul Kahlfeldt zum „MetaHaus", einem Büro- und Kreativhaus, umgestaltet.

Weitere sehenswerte Müller-Bauten finden sich u. a. in der Zimmerstraße (die ehemalige Diskothek E-Werk), in der Kopenhagener Straße in Prenzlauer Berg (ehemals Vitra Design Museum) und am Kottbusser Ufer in Kreuzberg (Veranstaltungshaus).

Architektur
Klassische Moderne
Hans (Heinrich) Müller 1925; Umbau Petra und Paul Kahlfeldt 1996–2001
Adresse
Charlottenburg, Leibnizstraße
Anfahrt
S Savignyplatz

Schaubühne am Lehniner Platz

Die 1926–28 entstandenen Bauten für die „Woga" am Kurfürstendamm sind Erich Mendelsohns umfangreichstes realisiertes Projekt. Ein ganzer Straßenblock am unteren Kurfürstendamm sollte bebaut werden: mit einem Hotel, einem Kino und einem Kabarett, mit Wohnungen und Geschäften.

Das Geniale an Mendelsohns Entwurf ist die Aufteilung in vier separate Baukörper. Der flache Kabarett-Trakt, in dem heute u. a. eine Pizzeria und eine Diskothek untergebracht sind, und der Hauptbau mit dem Kino, heute das Theater „Schaubühne am Lehniner Platz", sind durch eine Stichstraße (Sackgasse, heute Fußgängerzone) getrennt. Diese öffentliche Zone wird nach hinten abgeschlossen durch das sechsgeschossige, auf Stelzen stehende einstige Hotel. Dahinter erstreckt sich an der Cicerostraße der langgestreckte Wohnblock mit seinen Klinkerbändern, ausschwingenden Balkonen und den schmalen abgerundeten Eingängen.

Der Aufbau des heutigen Schaubühnenhauses erklärt sich aus dem Innern. Dazu Mendelsohn: „Äußerer Aufbau aus der Grundrissdisposition entwickelt. Vorgebauter zweigeschossiger Ladenkranz, Eingangs- und Kassenhalle, Zuschauerhaus mit leicht geneigtem, nach hinten sich verjüngendem Schildkrötendach, Aufzugsschacht der Bildleinwand. Entlüftungsschlot mit schmalem, zum Kurfürstendamm vorgezogenem Reklameturm."

Mendelsohn reißt mit seinem Ensemble eine Lücke in die starre Blockbebauung des Kurfürstendamms, ohne aber ein Loch entstehen zu lassen. Er weitet die Straße zum Platz, zieht den Passanten durch die Rundungen der beiden Kopfbauten in die Ladenstraße, doch ist die Anbindung an die Höhe der umgebenden Bebauung durch den einstigen Lüftungsturm wie auch den abschließenden Wohnblock gewährleistet.

Mendelsohn war dabei, seine expressionistische Phase zu überwinden. Noch immer wirken die Fensterbänderung, die Abstufung der Bauteile und nicht zuletzt die keilartig in den Bogenscheitel einschneidene Wandscheibe dynamisch, doch es handelt sich nicht mehr um eine vorgesetzte dynamische Fassade wie beim Mossehaus. Das Kudamm-Ensemble richtet sich an den Flaneur; es vermittelt Gelassenheit, nicht mehr überwältigende Energie und Bewegung. Dazu trägt auch die warme, rotbraune Klinkerung bei, zu der die Putzfassade des einstigen Hotels einen deutlichen Kontrast bildet.

Bei der Umgestaltung des einstigen Kinos zur Schaubühne 1976–81 wurde das Innere komplett verändert.

Architektur
Klassische Moderne (Neue Sachlichkeit)
Erich Mendelsohn 1926–28; Umbau: Jürgen Sawade 1976–81
Adresse
Wilmersdorf, Kurfürstendamm 153
www.schaubuehne.de
Tel. 030 / 89 00 20
Anfahrt
U Adenauerplatz

Hufeisensiedlung Britz

„Sozialer Wohnungsbau", heute selbstverständlich, war in den 1920er-Jahren eine enorme Herausforderung. Nur Großsiedlungen versprachen einen Weg aus der katastrophalen Wohnungsnot. Damit sich die Bewohner der Mietskasernen einen Umzug überhaupt leisten konnten, mussten die Mietkosten niedrig sein – und folglich auch die Baukosten. Für Stadtplaner und Architekten eine willkommene Herausforderung. Martin Wagner, seit 1926 Berliner Stadtbaurat, sah die Großsiedlung Britz als Möglichkeit, „Studien über das wirtschaftliche Bauen" zu treiben.

Damit verbunden waren idealistischer Reformeifer und programmatisches Pathos. Die Siedlungen verstanden sich als Gegenentwürfe zu den menschenverachtenden Mietskasernen, ihre Architektur sollte die Gemeinschaft der Siedler widerspiegeln. Die Kernfigur der Britzer Siedlung, das Hufeisen, wurde als Manifest für das Neue Bauen verstanden.

Dabei sollte die technische Rationalisierung nicht kaschiert, sondern betont werden. „Das Einzelne wie das Ganze erhält seine Form aus dem Sinn, den es hat", so Bruno Taut 1929.

Die Großsiedlung Britz, nach der zentralen Baugruppe „Hufeisensiedlung" genannt, entstand 1925–33 (in sieben Bauabschnitten) nach Plänen von Bruno Taut. Ihre über 1000 Wohnungen sind nach nur vier Grundrisstypen standardisiert. Alle Bauten sind zu Zeilen gereiht, den Einfamilienhäusern ist jeweils ein Mietergarten zugeordnet (ursprünglich auch im inneren Hufeisen). Martin Wagner entwarf den Wohnblock an der Stavenhagener Straße 4–32 mit den ausschwingenden Treppenhäusern.

Durch Vor- und Rücksprünge einzelner Baukörper, platzartige Erweiterungen, Reihung, Symmetrie und Wechselspiel und vor allem durch die Farbe als billigstem Gestaltungselement wird Monotonie vermieden, erhält jede Straße ihren eigenen Charakter.

Die „funktionale", notwendigerweise anspruchslose Architektur wirkt oft durch ihre Details. Verändert man sie – Fensterhöhlen statt Sprossenfenster, Rauputz statt gespannte Flächen, neue Farben, neue Türen, neue Gehwegplatten usw. –, nimmt man den Häusern und Ensembles oft ihren künstlerischen Wert und ihre Wirkung. Nur wer ein Auge für Details hat, wird den Reiz dieser Architektur entdecken – und schmerzlich erfahren, wie oft Siedlungshäuser durch kleine Veränderungen entstellt worden sind.

Sechs Berliner Siedlungen aus den Jahren 1913 bis 1934 gehören seit 2008 zum UNESCO-Welterbe, darunter vier, an deren Planung Bruno

Taut maßgeblich beteiligt war. Neben der Hufeisensiedlung sind dies die Gartenstadt Falkenberg („Tuschkastensiedlung") in Bohnsdorf, die Siedlung Schillerpark im Wedding sowie die Wohnstadt Carl Legien im Prenzlauer Berg. Außerdem die Großsiedlung Siemensstadt und die Weiße Stadt in Reinickendorf. Von Bruno Taut stammen auch die Siedlung „Freie Scholle" in Tegel und die Großsiedlung „Onkel Toms Hütte" in Zehlendorf.

Architektur
Klassische Moderne (Neue Sachlichkeit / Expressionismus)
Bruno Taut, Martin Wagner; Kernbereich 1925–27; Erweiterungen bis 1933
Adresse
Neukölln (Britz)
Anfahrt
U Blaschkoallee, U Parchimer Allee

Ringsiedlung Siemensstadt und Siedlung Charlottenburg-Nord

Wie die „Hufeisensiedlung" in Britz (s. S. 128f.), „Onkel Toms Hütte" in Zehlendorf und die „Weiße Stadt" in Reinickendorf wurde auch die Großsiedlung „Siemensstadt" bei der Internationalen Bauausstellung 1931 präsentiert. Zielsetzung des Bauprogramms war die Schaffung von Kleinstwohnungen für wenig verdienende Siemensmitarbeiter (als reine „Schlafwohnungen") und die Erprobung der neuesten städtebaulichen Erkenntnisse – der Zeilenbauweise. Hans Scharoun entwarf den Bebauungsplan, die Einzelbauten stammen von Mitgliedern der Architektenvereinigung „Der Ring". Es entstanden ausnahmslos mehrgeschossige Wohnbauten, Wohnungsschnitt und Zimmergröße (im Durchschnitt 54 Quadratmeter bei zwei Zimmern für eine vierköpfige Familie) wurden standardisiert.

Architekt Hans Scharoun (1966)

Vom Siemensdamm im Süden weisen zwei trichterförmig angelegte Gebäudekomplexe von Scharoun den Weg in die Siedlung. Der linke Bau erhielt wegen seiner Balkon- und Dachformen im Volksmund den Namen „Panzerkreuzer A". Scharoun hat jahrelang selbst hier gewohnt.

Jenseits der S-Bahn-Unterführung folgen die Zeilen von Walter Gropius längs des Jungfernheidewegs, mit breiten Fenstern und z.T. Dachterrassen. Das Torhaus linker Hand gehört bereits zur Siedlung „Heimat" (Hans Hertlein 1930–34). Beim Vergleich mit dieser traditionell wirkenden Anlage wird das Neuartige der „Ringsiedlung" besonders deutlich. Rechts entlang der Goebelstraße liegen die parallelen Zeilen von Hugo Häring mit ihren ausschwingenden Balkonen und markanten Dachzonen und ganz im Osten zwei Zeilen von Fred Forbat. Sie alle sind der besten Lichtausnutzung wegen in Nord-Süd-Richtung angelegt. Nach Süden wird die Siedlung abgeschlossen durch den „Langen Jammer", einen geschwungenen Baukörper mit 25 gleichförmigen Hauseinheiten (von Otto Bartning). Im Norden wird die Siedlung durch die niedrigeren Zeilen von Paul Rudolf Henning an den Volkspark Jungfernheide angebunden.

Nach dem Zweiten Weltkrieg verwirklichte Scharoun sein Konzept einer „Stadtlandschaft" in der östlich anschließenden Siedlung Charlottenburg-Nord (südlich des Grüngürtels bis zum U-Bhf. Halemweg). Die Monotonie des Zeilenbaus überwand er durch die Gruppierung ver-

schieden hoher und verschiedenartig zusammengesetzter Wohntrakte zu sogenannten Wohngehöften. Die individuelle Ausgestaltung und die Beschränkung auf jeweils 310 Wohneinheiten sollten den Bewohnern ein „Kiez-Gefühl" vermitteln. Die runden Fenster der Treppenhäuser verraten den Baumeister der Philharmonie. Weitere Architekten der Siedlung waren Werner Weber und Hans Hoffmann.

Architektur
Klassische Moderne (Neue Sachlichkeit) bzw. Nachkriegszeit
Hans Scharoun, Walter Gropius, Otto Bartning, Hugo Häring u. a. 1929–31 bzw. 1956–61
Adresse
Charlottenburg
Anfahrt
U Siemensdamm und U Halemweg

Haus des Rundfunks

Das älteste (eigenständige) Funkhaus der Welt steht in Berlin-Charlottenburg. Hans Poelzig hatte sich 1929 in einem Wettbewerb mit einem Entwurf durchgesetzt, der vorbildhaft werden sollte. Seine im wahrsten Sinne des Wortes zentrale Idee war die Platzierung der drei großen Sendesäle in der Gebäudemitte, vom Straßenlärm abgeschirmt durch umliegende Bürotrakte. Von den Enden der 150 Meter langen Hauptfront an der Masurenallee schwingen zwei Flügelkonvex nach hinten und bilden so ein stumpfes Dreieck. In der Mitte liegen drei trapezförmige Sendesäle, die vom großen Lichthof hinter der Hauptfront radial ausgehen, somit vier Innenhöfe bildend.

Hans Poelzig entwarf das Funkhaus (1927)

Beeindruckend ist die fünfgeschossige Hauptfront, deren mittlere 32 Achsen um ein Geschoss erhöht sind. Der monumentale Baukörper ist ausschließlich vertikal gegliedert – mit rotbraunen Keramikplatten verkleidete Streifen springen aus den schwarz geklinkerten Wandflächen hervor.

Seit 1987 erstrahlt die über fünf Geschosse reichende Haupthalle mit ihren gelb geklinkerten Galerien und den beiden markanten Leuchten wieder in alter Pracht. Im Zentrum steht Georg Kolbes Skulptur „Große Nacht" von 1930.

Hans Poelzig war kein radikaler Erneuerer wie Gropius, Mies van der Rohe oder Le Corbusier. Er lehnte es ab, „grundlos von neuem selbständig zu experimentieren", und strebte eine Freiheit an, „die durch die geistige Verarbeitung und Überwindung des Überkommenen erkämpft wird und mit der Zügellosigkeit nichts gemein hat, die zu Ratlosigkeit führen muss".

Doch er schuf Bauten, deren Expressivität und oft genug auch Monumentalität nichts von ihrer Faszination verloren haben. Immer wieder wechselte Poelzig zwischen horizontalen Gliederungen – die er schon vor Mendelsohn anwandte – wie z. B. am Kino Babylon im Scheunenviertel (für dessen städtebauliche Neuordnung er verantwortlich zeichnete) und strenger Vertikalität wie im Haus des Rundfunks.

Sein berühmtestes Werk gilt als Musterbeispiel des Expressionismus: der Umbau des Zirkus Schumann zum späteren Friedrichstadtpalast mit der grandiosen, an eine Tropfsteinhöhle erinnernden Innenarchitektur (die Reste wurden 1985 abgetragen). Sein größtes realisiertes Projekt ist der IG-Farben-Komplex in Frankfurt / Main (1928–31).

An das Haus des Rundfunks schließt sich zum Theodor-Heuss-Platz hin das Fernsehzentrum des rbb, früher SFB, an, 1963–71 nach Plänen von Robert Tepez erbaut, das mit seinem Turmaufsatz nicht nur den Platz dominiert, sondern auch eine weithin sichtbare Landmarke im Berliner Häusermeer darstellt.

Architektur
Klassische Moderne (Expressionismus)
Hans Poelzig 1929–31
Adresse
Charlottenburg, Masurenallee 8–14
Anfahrt
U Theodor-Heuss-Platz

Berolina- und Alexanderhaus

1929 wurde unter Stadtbaurat Martin Wagner ein Wettbewerb für die Neugestaltung des Alexanderplatzes ausgeschrieben. Vorgegeben war ein Kreisverkehr, gefordert wurde die Schaffung eines „Großstadtplatzes". Berlin sollte auch städtebaulich den Sprung von der nationalen Metropole – repräsentiert durch die wilhelminischen Bauten – zur international geprägten Weltstadt schaffen.

Fast schon ein Fetisch für die modernen Stadtplaner der 1920er-Jahre war der Verkehr. „Die Durchschleusung des Verkehrs" war für Wagner beim Großstadtplatz „das Primäre und Wesentliche und die formale Gestaltung, die Zweckform, von sekundärer Bedeutung". Ein für 25 Jahre prognostiziertes Verkehrsaufkommen stellte die Grundlage der Planung dar, nach dieser Frist sollten die Gebäude ersetzt werden. Die Architektur sollte also keine bleibenden Werte schaffen, sondern wirtschaftlich sein. „Dem ‚Fließverkehr' auf dem Platz muß ein ‚Standverkehr' entgegengesetzt werden, der die Konsumkraft der den Platz kreuzenden Menschenmassen festhält (Läden, Lokale, Warenhäuser, Büros usw.)." Die Bauten sollten sich „den Ganglinien der Fußgänger, also der Konsumkraft" anschließen.

Alexanderhaus, südöstlich des Zwillingsbaus

Auch zur Architektur hatte Wagner klare Vorstellungen, die sich im Wettbewerbsergebnis niederschlugen: „Klarste Formen, die während des Tages wie während der Nachtstunden ihre charakteristische künstlerische Wirkung ausüben, sind grundlegende Voraussetzungen des Weltstadtplatzes. Einflutendes Licht bei Tage und herausflutendes Licht bei Nacht erzeugen ein gänzlich neues Gesicht des Platzes. Farbe, Form und Licht (Reklame) sind die drei Hauptbauelemente."

Den ersten Preis gewannen die Brüder Luckhardt, deren Entwurf gleichförmig gestaltete Fassaden vorsah, nur durch horizontale Fenster- und Mauerstreifen gegliedert und unterschieden einzig durch ihre Höhe und den Kurvenradius ihrer geschwungenen Ecken. Den Zuschlag erhielten jedoch weder sie noch Mies van der Rohe, dessen kompromissloser Vorschlag sieben gleichförmige rechteckige Baublöcke ohne Bezug untereinander vorsah, sondern der zweite Preisträger Peter Behrens.

Realisiert wurde 1930/31 nur die westliche Platzseite. Das winkelförmige Alexanderhaus, seit der Sanierung 1993–95 Sitz der Berliner

Sparkasse, und das Berolinahaus (großes Foto) sind achtgeschossige Skelettbauten mit einem Ladengeschoss, einer auskragenden Glasgalerie für Restaurants und Ausstellungen sowie sechs Büroetagen mit vertieften Rasterfeldern zu je zwei oder drei Fenstern. Mit ihren einander zugewandten gläsernen Treppenhäusern schaffen sie eine Torsituation zur Rathausstraße und zum S-Bahnhof. Bei der Sanierung 2005 / 06 wurde das Berolinahaus in den unteren Etagen entkernt. 2006 eröffnete hier die Handelskette C&A ihre größte deutsche Filiale – 1911 hatte die niederländische Firma am Alexanderplatz ihr erstes deutsches Ladengeschäft eröffnet.

Architektur
Klassische Moderne (Neue Sachlichkeit)
Peter Behrens 1930 / 31
Adresse
Mitte, Alexanderplatz 1 bzw. 2
Anfahrt
S / U Alexanderplatz

Shell-Haus

In keinem Architekturführer über die Klassische Moderne darf dieses Bürohaus fehlen – für manche ist es gar die markanteste Fassade der 1920er-Jahre: Emil Fahrenkamps Shell-Haus am Landwehrkanal, errichtet 1930–32 als Hauptsitz der Shell-Tochter Rhenania-Ossag Mineralölwerke, später vom benachbarten Oberkommando der Marine mitbenutzt und nach dem Krieg Hauptsitz der Bewag. Seit der Generalsanierung bis zum Jahr 2000 wird das Gebäude von der Gasag genutzt.

Markenzeichen des Shell-Hauses ist die in sechs Stufen vorspringende Hauptfront, mit der gleichzeitig eine Erhöhung der Geschosszahl von sechs – im rückwärtigen Teil fünf – auf zehn Geschosse einhergeht. Die Gebäudeecken sind abgerundet, sogar die Fenster sind viertelkreisförmig um die Ecken herumgezogen. Die Wandflächen zwischen den Fensterbändern sind mit römischem Travertin verkleidet.

Der Fassade fehlt jegliche vertikale Gliederung; die sanfte Wellenbewegung, die schichtartige Aufstockung bis hin zum rechteckigen Hochhaustrakt und die Horizontalbetonung schaffen eine wirkungsvolle Kulisse vor allem für den Blick von der Potsdamer Straße aus.

Das Gebäude gruppiert sich in vier Trakten um einen viereckigen Innenhof: Der hohe Westtrakt und der hintere Nordtrakt stehen rechtwinklig zueinander, wie auch der nach hinten verschobene Ostflügel. Im schrägliegenden Südflügel werden die Fassadenrücksprünge durch den Grundriss der vorderen Büroräume aufgefangen, der innenliegende Gang und die rückwärtigen Büros zum Innenhof hin sind rechtwinklig geschnitten.

Wenige Busstationen von hier entfernt befindet sich ein weiterer Meilenstein der Berliner Bürohausarchitektur: das Kathreiner-Haus neben dem Kleistpark an der Potsdamer Straße. 1929 / 30 errichtete Bruno Paul das erste innerstädtische Hochhaus Berlins mit seinen zwölf Geschossen und zwei niedrigeren Seitentrakten. Auch hier ist die travertinverkleidete Fassade rein horizontal gegliedert, die Gebäudeecken werden allerdings in ihrer Kantigkeit betont. Das senkrechte Fensterband an der Stirnseite des Hochhauses wirkt zudem als vertikales Gegengewicht.

Ein drittes Beispiel für eine horizontale Fassadengestaltung, hier wieder mit abgerundeten Vorsprüngen, ist der Tauentzienpalast in der Nürnberger Straße (1928–31 von Bielenberg und Moser, jetzt Hotel Ellington).

Obwohl alle drei Bauten durchaus dynamisch und „expressiv" wirken, werden sie wegen ihrer glatten Fassaden, der Horizontalbetonung und der fehlenden Ornamentik der Stilrichtung „Neue Sachlichkeit" zugerechnet.

Architektur
Klassische Moderne (Neue Sachlichkeit)
Emil Fahrenkamp 1930–32
Adresse
Tiergarten, Reichpietschufer 60 / Ecke Stauffenbergstraße
Anfahrt
Bus M29, 148

Auswärtiges Amt

Die ehemalige Reichsbank, heute das Auswärtige Amt, war der erste große Neubau des nationalsozialistischen Regimes in Berlin. Im Februar 1933 wurde ein lange vorbereiteter Wettbewerb ausgeschrieben, an dem sich „30 der bekanntesten Architekten aus allen deutschen Gauen" beteiligten, wie es noch im Mai 1934 in einer Festschrift hieß, darunter Gropius, Poelzig und Mies van der Rohe, dessen Entwurf in die engste Auswahl kam. Hitler entschied sich jedoch persönlich für den bereits vorher entstandenen Plan des Reichsbankbaudirektors Heinrich Wolff. Noch 1933 begann man mit dem Abriss mehrerer Straßenzüge mit historischer Bausubstanz aus dem 18. und 19. Jh., darunter auch die alte Münze von Stüler. 1940 wurde der Neubau eingeweiht.

Größter Raum im AA ist der Weltsaal

Auf dem unregelmäßig gebogenen Grundriss entstand eine Vierflügelanlage, deren innere Längsachse durch einen Ehrenhof und drei Kassenhallen eingenommen wird. Der fünf- bis siebengeschossige Stahlskelettbau ist mit hellem Sandstein verkleidet, die Fassaden sind ungegliedert, nur die Erdgeschosszone ist durch Pfeiler vor der rückspringenden Wand hervorgehoben.

Der Reichsbankwettbewerb ist insofern interessant, als er den Stand der Architekturdiskussion am Ende der Weimarer Republik widerspiegelt. Die Wahl der 30 Teilnehmer war bereits vor der „Machtergreifung" erfolgt, und doch waren überwiegend Architekten der konservativ-traditionalistischen Richtung vertreten. Die funktionalistische Moderne vollbrachte zwar in den 1920er-Jahren herausragende Leistungen, in der breiten Öffentlichkeit aber stieß sie oft auf Unverständnis. Vor allem seit der Weltwirtschaftskrise von 1929 bestimmten konservative Architekten und Bauherren das Bild. So bedeutete das Jahr 1933 keinen rigorosen Bruch in der deutschen Architekturentwicklung. Zwar wurden die Modernen recht bald verfemt und vielfach ins Exil getrieben, doch es entstand keine grundsätzlich neue Architektur, ja nicht einmal eine eigenständige Architektursprache. Wichtigste Bauaufgabe waren die Staats- und Parteibauten, die ihren Ausdruck in einem starren, monumentalen Neoklassizismus fanden. In den Industriebauten als reinen Zweckbauten ohne ideologischen Überbau lebte jedoch die Neue Sachlichkeit weiter, während im Siedlungsbau, der trotz großer Wohnungsnot

nie das Ausmaß der 1920er-Jahre erreichte, der „Heimatschutzstil" vorherrschte.

Das Reichsbankgebäude diente nach dem Krieg als Sitz des DDR-Finanzministeriums, ab 1959 als Parteizentrale der SED (und Sitz des Politbüros). Seit dem Regierungsumzug 1999 beherbergt es das Auswärtige Amt. Der Erweiterungsbau stammt von den Architekten Thomas Müller und Ivan Reimann.

Architektur
Anti-Moderne (Nationalsozialistischer Traditionalismus)
Heinrich Wolff 1933–40; Erweiterungsbau: Thomas Müller, Ivan Reimann 1997–99
Adresse
Mitte, Werderscher Markt 1
www.auswaertiges-amt.de
Anfahrt
U Hausvogteiplatz, Bus 100, 147

Bundesfinanzministerium (Detlev-Rohwedder-Haus)

Das ehemalige Reichsluftfahrtministerium ist das markanteste Relikt des einstigen Regierungsviertels an der Wilhelmstraße und mit über 2000 Räumen Europas größtes Bürohaus. Nach dem Krieg wurde es als Haus der Ministerien von verschiedenen DDR-Behörden genutzt, 1990 zog für einige Jahre die Treuhand-Anstalt ein, nach deren ermordetem Vorsitzenden das Haus seinen heutigen Namen trägt. Seit 1999 ist es der Sitz des Bundesfinanzministeriums.

Das Regierungsviertel hatte sich nach 1871 entwickelt, als Bismarck das Palais Schulenburg am Wilhelmplatz (an der Einmündung der Mohrenstraße, heute überbaut) zum Amtssitz des Reichskanzlers erwählte und daraufhin zahlreiche preußische und Reichsministerien in die Umgebung zogen. Die Reichskanzlei, die 1938/39 einen monumentalen neuen Trakt längs der Voßstraße erhielt, wurde zerstört, doch ein Flügel des Propagandaministeriums von 1934–40 blieb an der Mauerstraße erhalten.

1935/36 folgte das Reichsluftfahrtministerium, in dessen Baugruppe der Komplex des ehemaligen Preußischen Herrenhauses (an der Leipziger Straße, heute Sitz des Deutschen Bundesrats) und des Preußischen Landtages (Niederkirchnerstraße, jetzt Sitz des Berliner Abgeordnetenhauses) einbezogen wurde. Der Plan, dem Luftfahrtministerium ein Pendant auf der anderen Seite der Wilhelmstraße zu bauen (als Reichspostministerium), kam kriegsbedingt über die Vorentwürfe nicht hinaus.

Blick von Süden auf das Ministerium

Die Räumungsarbeiten für den Göring'schen Ministeriumsneubau an der Wilhelmstraße begannen Anfang 1935, und bereits im Oktober konnten 1000 Räume bezugsfertig übergeben werden, 1936 war der gesamte Baukomplex vollendet. Rund um die Uhr wurde gearbeitet, viele Teile wurden vorgefertigt. Die Schnelligkeit des Abrisses und des Neubaus waren programmatisch, sie sollten Tatkraft und Entschlossenheit des neuen Regimes demonstrieren, wie überhaupt die staatliche Propaganda Berlin immer wieder als eine einzige Baustelle darstellte.

Der vier- bis siebengeschossige Bürokomplex entstand um drei Innenhöfe und vier Höfe he-

rum, die sich nach hinten zu einem älteren Park hin öffnen. Der Haupteingang liegt in einem Ehrenhof an der Wilhelmstraße, er ist gleichzeitig Symmetrieachse.

Der Stahlbetonskelettbau ist mit Bimsbeton-Hohlblocksteinen ausgefacht und mit silbergrauen Muschelkalkplatten verkleidet. Während Grundriss und Konstruktion funktional bedingt sind, wandelt ihn die vorgeblendete Fassade vom Skelett- zum Massivbau. Die zeitgenössische Architekturkritik würdigte ihn als „majestätischen Bau", der „eine Haltung zeigt, die in ihren Grundzügen preußische Repräsentation wahrt".

Architektur
Anti-Moderne (Nationalsozialistischer Traditionalismus)
Ernst Sagebiel 1935 / 36
Adresse
Mitte, Leipziger Straße 5–7 / Ecke Wilhelmstraße
www.bundesfinanzministerium.de
Anfahrt
U Stadtmitte, U Kochstraße

Olympiastadion

Dreimal sollte Berlin Austragungsort der Olympischen Spiele werden: 1916, 1936 und 2000. Alle drei Projekte sahen als Hauptspielstätte das Olympiagelände in Charlottenburg vor – ein Werk der Architektenfamilie March.

Otto March erbaute 1909 im nördlichsten Ausläufer des Grunewalds eine 2400 Meter lange Pferderennbahn. Als nun die Olympischen Spiele 1916 nach Berlin vergeben wurden, entstand innerhalb dieser Rennbahn in den Jahren 1912 / 13 das Deutsche Stadion. Damit die Rennbahn aber weiterhin genutzt werden konnte, ließ March das Oval als „Erdstadion" in eine Bodensenke ein.

Eröffnung der Olympiade 1936 (Frankl)

Das seinerzeit größte Sportstadion der Welt (40 000 Zuschauer) war eine moderne Eisenbetonkonstruktion mit bombastischer historistischer Ausstattung; genutzt wurde es vor allem für Feiern und militärische Zwecke. Die 1922 angesiedelte „Hochschule für Leibesübungen" bildete dann die Keimzelle für das „Deutsche Sportforum", das Otto Marchs Söhne Werner und Walter als Sieger eines Wettbewerbs 1925–28 realisierten.

Als Berlin 1931 zum Austragungsort der Olympischen Spiele 1936 bestimmt wurde, erhielt Werner March den Auftrag, das Deutsche Stadion umzugestalten. Doch die Nationalsozialisten erkannten den unschätzbaren Prestigewert dieser Spiele und veranlassten die Neuplanung eines „Reichssportfeldes".

So entstand bis 1936 die streng symmetrische Anlage mit dem Olympischen Platz, dem 12 Meter unter Bodenniveau versenkten Olympiastadion für 110 000 Zuschauer, dem Maifeld, einem Aufmarschgelände für 500 000 Menschen, dessen Tribüne mit der Langemarckhalle vom 78 Meter hohen Olympischen Turm überragt wird, und schließlich der heutigen Waldbühne für 25 000 Zuschauer. Hinzu kamen ein Hockey-, ein Reit- und ein Schwimmstadion sowie die ausgedehnten Anlagen des Deutschen Sportforums.

Sportforum mit Haus des Deutschen Sports

Nach dem Krieg wurde das Areal teils öffentlich, teils von den britischen Besatzungstruppen

genutzt. Den Wiederaufbau des Glockenturms leitete 1960–62 erneut Werner March. Das Gesamtkunstwerk Reichssportfeld funktionierte durch die Verbindung von Bauwerk und Natur, von Kulisse und Inszenierung (siehe Leni Riefenstahls Olympiafilme), aber auch durch das Zusammenspiel von Architektur und Skulpturen, wie es integraler Bestandteil der NS-Kulturpolitik war.

2000–04 wurde das Olympiastadion nach Plänen des Hamburger Büros gmp von Gerkan, Marg & Partner umgebaut und modernisiert und erhielt dabei ein neues, alle 75 000 Zuschauerplätze schützendes Dach mit durchlaufender Flutlichtbeleuchtung (großes Foto). Die Wettkampffläche wurde um einige Ränge abgesenkt und erhielt eine blaue Tartanbahn, entsprechend der Vereinsfarbe des Fußballclubs Hertha BSC. 2006 fand hier das Endspiel der Fußballweltmeisterschaft statt, seit 1985 ist das Stadion Ort des DFB-Pokalfinales.

Architektur
Anti-Moderne (Nationalsozialistischer Traditionalismus)
Werner March 1934–36
Adresse
Charlottenburg, Olympischer Platz 3
www.olympiastadion-berlin.de
Öffnungszeiten
9 Uhr bis Einbruch der Dunkelheit, Tel. 030 / 25 00 23 22
Anfahrt
U/S Olympiastadion

Flughafen Tempelhof

Wie andere Bauwerke aus der Zeit des Nationalsozialismus beeindruckt der Flughafen Tempelhof weniger durch differenzierte Architektur als vielmehr durch schiere Größe und Monumentalität. So müsste der Architekt Ernst Sagebiel gleich zweimal im Guinnessbuch der Rekorde vertreten sein: mit dem größten Bürohaus Europas (dem ehem. Luftfahrt- und heutigen Bundesfinanzministerium, s. S. 140f.) und dem größten Gebäude des Kontinents, dem 1936–41 entstandenen Zentralflughafen Tempelhof, seiner ihm zugedachten Aufgabe als größtem Flugkreuz Europas angemessen. Das Gebäude ersetzte eine nur wenige Jahre alte Anlage, deren Flugfeld 1923 eröffnet worden war.

Luftbrückendenkmal vor dem Flughafen

Der Baukomplex wird erschlossen über den Platz der Luftbrücke, dessen viertelkreisförmige Bürobebauung (einst Hauptverwaltung der Lufthansa) in der Mitte einen tiefen Hof vor dem Empfangsgebäude bildet. Die 100 Meter lange Abfertigungshalle (großes Foto) ist die Symmetrieachse der Gesamtanlage und führt zur 400 Meter langen, stützenfrei überdachten Flugsteighalle. Zu beiden Seiten schließen sich unmittelbar die Hangars an, sodass sich ein insgesamt 1200 Meter langer geschwungener Baukörper ergibt. Gegliedert, aber auch monumentalisiert wird er durch blockhafte Treppenhaustürme im Abstand von jeweils 70 Metern. Das gesamte Dach ist als Zuschauerterrasse konzipiert, von hier sollte das Publikum den Flugschauen beiwohnen. Weite Teile der Anlage sind unterkellert.

Zeittypisch ist auch die Fassadengestaltung: Der Stahlbetonskelettbau ist mit Muschelkalkplatten verkleidet. Die endlos gereihten Fenster sind einfach in die Wand „eingeschnitten", nur die Fassade des Empfangsgebäudes ist aufwendiger gestaltet.

Der Flughafen wurde 1975 für den öffentlichen Flugverkehr geschlossen, 1985 noch einmal geöffnet und am 30. Oktober 2008 endgültig geschlossen. In den denkmalgeschützten Gebäuden finden derzeit Messen, Kultur- und Sportveranstaltungen statt; seit 2015 bilden mehrere Hangars die größte Flüchtlingsunterkunft Berlins. Die 220 Hektar große Freifläche ist seit Mai 2010 öffentlich zugänglich. Nach dem 64-Prozent-Votum eines Volksentscheids im März 2014 soll die gesamte Fläche unbebaut bleiben.

Auf dem Platz der Luftbrücke erinnert das Luftbrückendenkmal, „Hungerharke" genannt, an die Versorgung West-Berlins aus der Luft während der sowjetischen Blockade 1948 / 49.

1975 wurde Tempelhof durch den weiter außerhalb gelegenen Flughafen Tegel ersetzt, dessen Konzeption als „Drive-In-Flughafen" wegweisend werden sollte. Grundidee ist die direkte Vorfahrt per Auto oder Bus an die einzelnen Flugsteige. Diese sind außen an einem Sechseck angelagert, das über eine Ringstraße im Innern erschlossen wird. Der Tower steht separiert, an seiner Ostseite sollte ursprünglich ein weiteres Sechseck die Gesamtkapazität verdoppeln. Architekten waren Meinhard von Gerkan, der auch den neuen Hauptbahnhof baute, Volkwin Marg und Klaus Nickels.

Architektur
Anti-Moderne (Nationalsozialistischer Traditionalismus)
Ernst Sagebiel 1936–41
Adresse
Tempelhof, Platz der Luftbrücke
Anfahrt
U Platz der Luftbrücke

Russische Botschaft

Nur ein Gebäude verletzt das durch königliche Order festgelegte sogenannte Lindenstatut durch einen Ehrenhof und das Überschreiten der festgelegten Traufhöhe. Es ist kein Zufall, dass es sich hierbei ausgerechnet um die Russische Botschaft handelt, errichtet 1950–53 als Botschaft der UdSSR in Berlin, Hauptstadt der DDR – wie die offizielle Bezeichnung für Ost-Berlin lautete. Der Eindruck heischende Komplex entstand am Ort der kriegszerstörten alten Botschaft, einem Rokokopalais des 18. Jh., das 1837 von Eduard Knoblauch, dem Architekten der Neuen Synagoge, klassizistisch umgebaut worden war. Hinzu kamen einige weitere Grundstücke an der Behren- und Glinkastraße, sodass eine kleine Diplomatenstadt, sogar mit eigenem Schwimmbad, entstand.

Foyer der ehemaligen Sowjetbotschaft

Die neue, unter der Leitung von Friedrich Skujin gebaute Botschaft setzte ein Zeichen, wie die Architektur der DDR in den kommenden Jahren aussehen sollte: eine Mischung aus stalinistischem Neoklassizismus und nationaler Bautradition, was im deutschen Fall den Rückgriff auf Schinkel bedeutete.

Das viergeschossige Gebäude erstreckt sich zu den Linden um einen großen Ehrenhof. In seiner Grunddisposition erinnert es an den ursprünglichen Grundriss des Prinz-Heinrich-Palais, der heutigen Humboldt-Universität. Der hohe vorgezogene Mittelbau wird bekrönt von einer kubischen Laterne, die sehr an die Turmstümpfe des Pergamonmuseums erinnert. Hier befindet sich der große Kuppelsaal, von dem der Weg über das aufwendige Haupttreppenhaus zum Festsaal im Zentrum des Straßenblocks geht. Die Seitentrakte um den Ehrenhof bergen kleinere Säle und repräsentative Räumlichkeiten, in den Kopfgebäuden zur Straße hin sind Ministerwohnungen untergebracht. Die Büroräume befinden sich im rückwärtigen Teil an der Behrenstraße.

Fries über dem Eingang mit Wappen der UdSSR

Die einzelnen Elemente der werksteinverkleideten Fassade entstammen dem klassischen Repertoire, dessen sich auch der Berliner Klassizismus des frühen 19. Jh. bediente: Kolossalpilaster, rustiziertes Sockelgeschoss, gebänderte

Ecken, Dachgesims mit Attika und die Form der Fensterbrüstungen. Und doch ist die Wirkung eine ganz andere: Die Architektursprache ist ohne Zweifel stalinistisch, was sich in der kalten Monumentalität, der kompromisslosen Härte ausdrückt.

Völlig unprätentiös hinter funktionalistischen Fassaden waren die Botschaften von Ungarn und Polen auf der gegenüberliegenden Straßenseite untergebracht (beide inzwischen abgerissen), während die Botschaft der ČSSR, heute Tschechiens, einen monumentalen typischen 1970er- / 80er-Jahre-Bau an der Wilhelmstraße erhielt.

Architektur
Anti-Moderne (Stalinistischer Neoklassizismus)
Kollektiv Stryshewski / Lebedinskij / Sichert / Skujin 1950–53
Adresse
Mitte, Unter den Linden 63–65
Anfahrt
S / U Brandenburger Tor, Bus 100

Karl-Marx-Allee

Auf dem fast zwei Kilometer langen Abschnitt zwischen Strausberger Platz und Frankfurter Tor entstand nach verheerenden Kriegszerstörungen 1952–60 die wohl monumentalste Straßenbebauung des 20. Jh. in Deutschland. Die Straße wurde auf 90 Meter verbreitert, die sieben- bis neungeschossige Bebauung nach Vorgaben der Partei (und entgegen den Entwürfen eines städtebaulichen Wettbewerbs) im stalinistisch-neoklassizistischen Stil der 1950er-Jahre errichtet (großes Foto). In den unteren ein oder zwei Geschossen wurden Läden und Gaststätten untergebracht, die Obergeschosse beherbergen für damalige Verhältnisse komfortable Wohnungen. Die bis zu 300 Meter langen Baublöcke sind durch vor- und rückspringende Bauteile sowie unterschiedliche Geschosszahlen variiert, die Fassaden sind teilweise mit ornamentaler Baukeramik verkleidet. Gemäß den Moskauer Vorgaben wurden nationale Elemente, im Berliner Fall Einzelformen aus der Schinkelzeit, eingearbeitet. Die einzelnen Bauabschnitte entstanden unter der Leitung unterschiedlicher Kollektive.

Das Filmtheater „International"

Noch ganz dem funktionalistischen Stil der 1920er-Jahre verhaftet sind dagegen die Laubenganghäuser in der Karl-Marx-Allee 102 / 104 und 126 / 128, die nach Entwürfen des ersten, von den Sowjets eingesetzten Stadtbaurats Hans Scharoun 1949 und noch vor dem Beginn des „Nationalen Aufbauprogramms" errichtet wurden. Ebenfalls von 1949 stammen die benachbarten Häuser.

Erster Bau des neuen Stils und programmatisch für die weitere Entwicklung war das neungeschossige Hochhaus an der Weberwiese, als Mauerwerksbau 1951 / 52 vom Kollektiv Hermann Henselmann errichtet. Zum Wahrzeichen der Allee wurden die beiden Turmbauten am Frankfurter Tor. Sie nehmen grob die Formen der gontardschen Türme am Gendarmenmarkt auf und stammen wie auch die Bebauung des Strausberger Platzes ebenfalls von Henselmann.

Als „erste sozialistische Straße" auf deutschem Boden war die Stalinallee, wie sie bis 1961 hieß, lange Zeit für den Westen Objekt heftiger Kritik und Gegenreaktionen.

Bei aller zweifelhaften Neoklassizistik und Monumentalisierung respektiert die Alleebebauung jedoch den gewachsenen Stadtraum. Dieser

Aspekt wurde später – ökonomischen Zwängen folgend, vor allem aber nach westlichem Vorbild – aufgegeben. Deutlichstes Beispiel dafür ist die Fortführung des Wiederaufbaus zwischen Strausberger Platz und Alexanderplatz. Darüber hinaus bedingten die begrenzten Finanzmittel auch eine radikale Veränderung von Bautechnik und Formensprache.

Bemerkenswert sind im Verlauf der Karl-Marx-Allee die beiden funktionalistischen Kinos „Kosmos" und „International" (1960–62).

Architektur
Anti-Moderne (Stalinistischer Neoklassizismus)
Kollektive Hartmann, Henselmann, Hopp, Leucht, Paulick, Souradny 1952–60
Adresse
Friedrichshain, Karl-Marx-Allee
Anfahrt
U Strausberger Platz, U Weberwiese, U Frankfurter Tor

Allianz-Versicherung

Unser Bild von der (West-)Architektur der 1950er-Jahre ist von Pauschal- oder Vorurteilen geprägt, wenngleich man allmählich auch diese Epoche differenzierter zu sehen beginnt. Nach dem Krieg bis in die 1970er-Jahre hinein wurde vor allem neuer Wohnraum benötigt. Die Architektur war vom Wohnungs- und Siedlungsbau geprägt, und hier gab es oft genug nur Mittelmaß, aus heutiger Sicht sogar Versagen. Die Anregungen der 1920er-Jahre, beispielsweise das Taut'sche Siedlungskonzept, verkamen zum Schematismus, aus Variation wurde Repetition, angesichts der enormen Bauaufgaben ging der Sinn für Details und Nuancen verloren, den die rationale, verknappte Architektur der Bauhausnachfolge so unbedingt braucht, um nicht in Langeweile und Monotonie zu verfallen.

Dennoch gab und gibt es eine ganze Reihe von herausragenden Bauten, die allerdings mittlerweile vielfach durch geringfügige Umbauten entstellt wurden.

Einer der vielleicht schönsten Bauten der 1950er-Jahre und Vorbild für nachfolgende Bürohäuser ist die Berliner Zentrale der Allianz-Versicherung am Joachimstaler Platz. Der Komplex besteht aus einem 14-geschossigen Hochhaus, dem ersten am Kudamm, einem langgezogenen, ebenfalls leicht geschwungenen sechsgeschossigen Flügel, der die Joachimstaler Straße platzartig erweitert, und einem Kopfbau zum Kurfürstendamm hin. Stadtbildprägend ist der travertinverkleidete Stahlbetonbau des Hochhauses, dessen vertikale Bänderung der Fassade eine monumentale Leichtigkeit verleiht. Die Ladenzone des Erdgeschosses ist durch ein ausschwingendes Vordach von den Büroetagen getrennt.

Ganz ähnlich ist die Fassade des Hochhauses der Hamburg-Mannheimer Versicherung am Kurfürstendamm 32 gegliedert, das 1955/56 von Hans Gerber und Otto Risse gebaut wurde. Und auch der Bürobau der IHK an der Hardenbergstraße (von Franz Heinrich Sobotka und Gustav Müller 1954/55) knüpft mit seiner vertikalen Gliederung und dem über dem hohen Obergeschoss vorkragenden Dach an die Architektursprache der 1920er-Jahre an und hebt sich wohltuend von gleichzeitigen funktionalen Bauten wie etwa dem benachbarten Erweiterungsbau des Bundesverwaltungsgerichts ab.

Vor dem Allianz-Haus steht als nutzloses Relikt der 1950er-Jahre die Verkehrskanzel, einst zur Ampelschaltung der Kreuzung errichtet. Gegenüber ein weiteres beachtenswertes 1950er-Jahre-Ensemble: das Café Kranzler (heute bis auf das Rondell ein Modegeschäft) und das ehemalige Bilka-Kaufhaus (heute Karstadt Sport), beide 1956–58 von Hans Dustmann.

Architektur
Nachkriegsmoderne West (expressionistische Reminiszenzen)
Alfred Gunzenhauser, Paul Schwebes 1953–55
Adresse
Joachimsthaler Straße 10–12 / Ecke Kurfürstendamm
Anfahrt
U Kurfürstendamm

Hansaviertel

Die Beschreibung des Hansaviertels würde ein ganzes Buch füllen. 36 Einzelbauten oder Ensembles bilden noch heute das Musterbeispiel für moderne Architektur und Stadtplanung der 1950er-Jahre. Der zwischen S-Bahn-Trasse und Tiergarten gelegene südliche Teil des kriegszerstörten Hansaviertels wurde als zentraler Demonstrationsbereich der Internationalen Bauausstellung gewählt, um – in bewusstem Gegensatz zur Ost-Berliner Stalinallee und den wiederhergestellten Mietskasernenvierteln – die „Stadt von morgen" zu präsentieren. Das Ergebnis des 1953 durchgeführten Städtebauwettbewerbs sah anstelle der geschlossenen Blockbebauung der Vorkriegszeit aufgelockerte Strukturen und einen fließenden Übergang zum Tiergarten vor. 53 Architekten aus aller Welt wurden eingeladen, um 45 Objekte zu entwerfen, von denen am Ende 35 verwirklicht wurden. Der endgültige Bebauungsplan entstand unter dem Vorsitz von Otto Bartning. Die beteiligten Architekten waren ausschließlich Vertreter der „modernistischen", dem „Neuen Bauen" verpflichteten Richtung, darunter Alvar Aalto, Egon Eiermann, Walter Gropius, Arne Jacobsen, Wassili Luckhardt, Oscar Niemeyer, Sep Ruf, Paul Schneider-Esleben, Hans Schwippert und Max Taut. Das Foto zeigt die 10-geschossige Wohnhausscheibe von Walter Gropius und Wils Ebert.

Die Bauten stehen als „Solitäre" jeder für sich, ohne Beziehung zur Nachbarbebauung und folglich ohne ausgewiesene Vorder- und Rückfront. Um das Zentrum am Hansaplatz mit eingeschossiger Ladenpassage, Kirche, Kino (heute Grips Theater), Bibliothek und Kindergarten entstand eine lockere, mit viel Grün durchzogene Mischung aus Hoch- und Flachbauten: verschiedengeschossige Zeilen und 16- bis 17-geschossige „Punkthochhäuser" im sozialen Wohnungsbau sowie ein- und zweigeschossige Ein- und Mehrfamilienhäuser für freie Bauherren, dazu eine zweite Kirche und am S-Bhf. Tiergarten der „Berlin-Pavillon" als Ausstellungsgebäude. 1959/60 kam die Akademie der Künste von Werner Düttmann hinzu.

Die Architektur der 1950er-Jahre ist ästhetisch als Gegenbewegung zum Speer'schen Neoklassizismus und ethisch als Bruch mit der jüngsten Vergangenheit zu verstehen. Nicht Rekonstruktion, sondern radikaler Neubeginn wurde gefordert, „unhistorische Simplizität [...] aus dem Geist der Opfer", wie es in einem Aufruf namhafter Architekten, darunter Max Taut, Schwippert und Eiermann, 1947 hieß. Und das bedeutete – unter Berufung auf das Bauhaus – Stahlbetonbauten, konstruktive Klarheit und Offenheit der Grundrisse. Nach den Kriegsjahren im Bunker sollte nun befreiende Helle in die Wohnräume einziehen.

Architektur
Nachkriegsmoderne West
Diverse Architekten 1953–57
Adresse
Tiergarten
Anfahrt
U Hansaplatz, S Tiergarten, S Bellevue

Haus der Kulturen der Welt

Die Kongresshalle war der US-amerikanische Beitrag zur Internationalen Bauausstellung 1957. Sie wurde als Geschenk Amerikas an das befreundete West-Berlin deklariert.

Nach Plänen von Hugh A. Stubbins und unter Mitwirkung von Werner Düttmann und Franz Mocken entstand am Südufer der Spree, mitten im Tiergarten, ein technisch revolutionärer, vielfach nachgeahmter Bau, der auch künstlerisch einen großen Wurf darstellte. Der Berliner Volksmund nannte das Gebäude bald treffend „Schwangere Auster".

Über einem 92 mal 96 Meter messenden Sockelgeschoss erhebt sich die weit ausschwingende Dachkonstruktion. Die Dachfläche wird auf beiden Seiten von Stahlträgern gehalten, die nur auf zwei Punkten aufliegen. Das zu beiden Seiten hin großflächig verglaste Sockelgeschoss beherbergt auf drei gegeneinander versetzten Ebenen die große Empfangshalle, eine Cafeteria, einen Theatersaal mit 400 Sitzplätzen, einen Ausstellungsbereich und weitere kleinere Räume für Kongresse, Seminare und die Verwaltung sowie zur Spreeseite hin ein zweigeschossiges Restaurant.

Kongresshalle mit eingestürztem Dach, 1980

In der eigentlichen Halle ist das Auditorium untergebracht. Aufgrund des annähernd runden Grundrisses ist die an der Seite gelegene Bühne vergleichsweise breit und flach, die ansteigenden Zuschauerränge werden immer breiter. Der Saal fasst 1250 Besucher.

Das Carillon im Tiergarten

In der Mittelachse der Eingangsseite – der flussabgewandten Seite – führt eine große Freitreppe auf die Terrasse, die selten benutzt wird, denn der Eingang befindet sich im Sockelgeschoss. Effektvoll ist dem Bau ein großes Wasserbecken vorgelagert, in dessen Mitte Henry Moores Bronzeskulptur „Big Butterfly" aufgestellt wurde.

1980 stürzte das Dach teilweise ein, weil der Stahlkern des vorderen Dachbogens durchgerostet war. Obwohl kein Nutzungskonzept bestand,

wurde die Halle wegen ihres Symbolgehalts bis zur 750-Jahr-Feier 1987 wiederaufgebaut. Seit 1989 wird sie unter dem etwas uneleganten Namen „Haus der Kulturen der Welt" als Veranstaltungs- und Ausstellungshaus genutzt.

Nahe der Einfahrt wurde 1986 / 87 ein ca. 40 Meter hoher Glockenturm errichtet, der ein Glockenspiel mit 68 Glocken, ein sogenanntes Carillon, trägt. Der von den Architekten Bangert, Jansen, Scholz und Schultes entworfene vierteilige Pylon ist aus poliertem schwarzem Labradorgestein gearbeitet.

Architektur
Nachkriegsmoderne West
Hugh A. Stubbins, Werner Düttmann, Franz Mocken 1956 / 57
Adresse
Tiergarten, John-Foster-Dulles-Allee 10
www.hkw.de
Öffnungszeiten
vorübergehend geschlossen, Tel. 030 / 39 78 70
Anfahrt
Bus 100

Le-Corbusier-Haus

Auch das Le-Corbusier-Haus gehörte zu den Demonstrationsobjekten der Bauausstellung 1957. Anders als die Kongresshalle ist Berlins mit 1400 Bewohnern größtes Wohnhaus jedoch kein Unikat, sondern nur eine von fünf „Wohnmaschinen" des Schweizers Charles Edouard Jeanneret, der sich Le Corbusier nannte.

Le Corbusier war einer der großen Neuerer der modernen Architektur, radikal und kompromisslos. Wie viele seiner künstlerischen Zeitgenossen war er fasziniert von Maschinen. Die „Unerbittlichkeit der Mechanik" wollte er auf die Architektur übertragen, die Wohnung, ja die ganze Stadtgemeinschaft sollte funktionieren wie eine Maschine.

Schweizer Architekt Le Corbusier

So entwarf er z. B. in den 1930er-Jahren eine Neugestaltung von Paris: Östlich der Seine-Insel sollte alles abgerissen werden und durch 18 vierflüglige Wolkenkratzer in einer grünen Parklandschaft ersetzt werden.

Schon 1914 entwickelte er sein Prinzip des stapelbaren Hauses für den Massenwohnungsbau. „Ein Gerippe, völlig unabhängig von der Aufgabe des Hausgrundrisses: Dieses Gerippe (oder Skelett) trägt die Deckenplatten und die Treppe. Es wird aus Standardelementen hergestellt, die miteinander kombinierbar sind, was eine große Verschiedenheit in der Gruppierung dieser Häuser ermöglicht."

Folgerichtig entstand 1947–52 die erste von fünf „Unités d'Habitation", zu Deutsch „Wohneinheiten". Vier weitere sollten folgen, die dritte in Berlin zur „Interbau". Da ihre Dimensionen jedoch den Rahmen des Hansaviertels sprengten, wählte man einen Bauplatz südlich des Olympiastadions. Der 17-geschossige, auf 7 Meter hohe Pfeiler gestellte Stahlbetonskelettbau beherbergt 557 Wohnungen: 212 Kleinstwohnungen mit einem Wohnraum, 253 Wohnungen mit zwei übereinanderliegenden Wohn- und Schlafräumen sowie 88 Dreizimmerwohnungen, die ebenfalls über zwei Stockwerke gehen. Es reichen neun „Straßen" (Flure) zur Erschließung aller Wohnungen.

Die „städtische Infrastruktur" wie Geschäfte, Kindergarten, Sporthalle oder Theater wurde nicht verwirklicht. Zudem musste das Berliner Haus anders dimensioniert werden, da die Behörden die ursprünglich vorgesehenen kleinen Maße (Grundeinheit „Modulor", nach dem idealen athletischen Menschen entwickelt) nicht genehmigten.

„Soviel ich weiß", schrieb Le Corbusier, „ist dies das erste Beispiel in der Geschichte, in dem kein Herrscherpalast, kein Tempel, kein Rathaus oder sonst ein repräsentatives Gebäude, sondern ganz einfach ein Haus des Menschen, das seine, das meine, das unserer Mitmenschen, sich zu monumentaler Größe erhebt, ohne irgendeinem seiner Teile die Achtung vor dem individuellen, dem physischen und dem geistigen Maß zu versagen."

Architektur
Nachkriegsmoderne West
Le Corbusier 1956–58
Adresse
Charlottenburg, Flatowallee 16
Anfahrt
S Olympiastadion, Bus X49, 149

Alexanderplatz

Der Alexanderplatz, so genannt seit dem Besuch Zar Alexanders I. 1805, hatte sich noch bis in die Mitte des 19. Jh. seinen vorstädtischen Charakter bewahrt. Hier wurden die Viehmärkte abgehalten, und die nahe liegenden Kasernen nutzten das Areal als Exerzier- und Paradeplatz.

Erst mit dem Bau der S-Bahn 1882, der Zentralen Markthalle 1886, dem Kaufhaus Tietz 1904–11 und der U-Bahn seit 1913 entwickelte sich der „Alex" zum wichtigsten Verkehrs- und Einkaufszentrum für die östlichen Stadtteile Berlins. Sein Wahrzeichen war die bronzene „Berolina".

Durch den Ausbau des U-Bahn-Netzes und das tägliche Verkehrschaos wurde 1928 die Umgestaltung des Platzes angeregt. In seiner Mitte entstand ein Kreisverkehr, die Neubebauung nach Plänen von Peter Behrens konnte jedoch nur in der westlichen Hälfte realisiert werden (s. Berolina- und Alexanderhaus, S. 134f.).

Weltzeituhr vor Berolinahaus und Hotelturm

Nach den verheerenden Kriegszerstörungen wurde der Alexanderplatz 1966–73 völlig neu gestaltet und dabei zu vierfacher Größe erweitert. Das Kerngebiet wurde zur Fußgängerzone, der Verkehr über vielspurige Straßen außen herumgeführt. Ringsum entstanden in einzelnen Etappen bis 1973 das „Haus des Lehrers" mit einem Bildfries von Walter Womacka und der Kuppelbau der Kongresshalle (von Hermann Henselmann bereits 1961 bis 1964), das Centrum-Warenhaus (Josef Kaiser), das 123 Meter hohe Hotel „Stadt Berlin", heute „Park Inn" (Roland Korn), das 17-geschossige „Haus des Reisens" (Roland Korn), die monumentale Fassade des „Hauses der Elektroindustrie" (Heinz Mehlan, in den 1990er-Jahren verändert und mit Zitaten aus Döblins „Berlin Alexanderplatz" überzogen) sowie der Berliner Verlag (Karl-Ernst Swora). Als zentraler Treffpunkt wurde 1969 die „Weltzeituhr" aufgestellt.

Nach der Wiedervereinigung wurde ein Wettbewerb zur Neugestaltung des Gebiets ausgeschrieben, dessen Siegerentwurf (Hans Kollhoff) den Abriss eines Großteils der heutigen Bebauung und die Errichtung von 13 Hochhäusern vorsah. Dazu ist es bislang nicht gekommen. Durch eine neue Pflasterung und Möblierung, die Rückkehr der Straßenbahn und zwei Neubauten hat der mit Abstand monumentalste innerstädtische Platz in Deutschland inzwischen wieder einen wesentlich intimeren Charakter

erhalten: Das alte Centrum-Warenhaus wurde zum Platz hin beträchtlich vergrößert und erhielt als „Galeria Kaufhof" eine ganz neue Fassade (Jan Kleihues 2004–06), nach Osten hin wird der Alex nun durch das Kaufhaus „die mitte" (2007–09) eingefasst. Als Publikumsmagnet erweist sich seit der Eröffnung 2007 das „Alexa", Berlins zweitgrößtes Einkaufszentrum nach den Gropius Passagen, jenseits der Grunerstraße. Die weitgehend fensterlosen Fassaden bestehen aus rötlich gefärbtem Beton, der sparsame Dekor im Innern erinnert an Art déco.

Architektur
Nachkriegsmoderne Ost
Verschiedene Kollektive 1961–73
Adresse
Mitte, Alexanderplatz
www.alexanderplatz.com
Anfahrt
S / U Alexanderplatz

Kaiser-Wilhelm-Gedächtniskirche

Als „hohler Zahn" wurde sie zum Symbol des aus Ruinen auferstandenen West-Berlin, vor ihrer Zerstörung war sie das Wahrzeichen des vornehmen und vergnügungssüchtigen „Neuen Westens": die Gedächtniskirche, wie sie verkürzt genannt wird, errichtet 1891–95 zur Erinnerung an den ersten deutschen Kaiser Wilhelm I., initiiert von seinem Enkel Wilhelm II.

Nicht nur die herausgehobene städtebauliche Lage am Kreuzungspunkt mehrerer großer Straßen, sondern auch die Volkstümlichkeit des ersten Kaisers und die Wohlhabenheit der Pfarrgemeinde sorgten dafür, dass reichlich Spenden flossen und der Bau zur seinerzeit imposantesten Kirche Berlins wurde. Franz Schwechten, königlicher Oberbaurat und u.a. Architekt des Anhalter Bahnhofs, entwarf einen kreuzförmigen, vieltürmigen Bau im Stil der rheinischen Spätromanik. Der Turm über der Hauptfassade war mit 113 Metern der höchste der Stadt, die Innenausstattung außergewöhnlich prächtig.

Innenraum des Kirchenbaus von Eiermann

Nach der Kriegszerstörung sollte ursprünglich im Innern der Ruine eine Glaskirche entstehen, doch ließ man den Plan bald wieder fallen. Stattdessen wurde ein Wettbewerb ausgeschrieben, den Egon Eiermann mit seinem Entwurf eines völligen Neubaus gewann. Doch der hohle Zahn war bereits zum Wahrzeichen geworden, die Pläne setzten die größte und leidenschaftlichste Architekturdebatte der Berliner Nachkriegsgeschichte in Gang. Selbst Walter Gropius schaltete sich ein und sprach von „Deutschlands schönster Ruine". Eiermann ließ sich zu einem Kompromiss überreden, wenn auch nicht überzeugen. Erhalten blieb der 68 Meter hohe Torso des Turmes (als Ausstellungsraum genutzt), der von einem vierteiligen Neubauensemble in die Mitte genommen wird. Vor das alte Hauptportal platzierte Eiermann den Kirchenbau, an die Stelle des einstigen Kirchenschiffs den Glockenturm. Die ganze Anlage steht auf einem erhöhten Podest, aus dem zu beiden Seiten die flachen Nebengebäude der Gemeindekapelle und des „Foyers" hervorstoßen.

Der Turmstumpf gab die Anregung zur Achteckgestalt des Neubaus, als Stahlkonstruktion mit Flachdach eine einfache Form. Seine einzigartige Wirkung erhält der Innenraum durch die aus über 22 000 blauen Glasfenstern zusammengesetzten Wände, die in quadratische Betonfelder eingesetzt sind. Erst bei genauem Hinsehen erkennt man, dass die Kirche zwei Außen-

wände hat – um den Verkehrslärm abzuhalten, aber auch um durch künstliches Licht zwischen den Wänden die Glassteine zur vollen Wirkung zu bringen. Für viele Architekturkritiker ist Eiermanns Neubau neben Le Corbusiers Kapelle in Ronchamp der bedeutendste Kirchenbau der Nachkriegszeit.

Architektur
Historismus / Nachkriegsmoderne West
Franz Schwechten 1891–95; Egon Eiermann 1959–63
Adresse
Breitscheidplatz
www.gedaechtniskirche-berlin.de
Öffnungszeiten
Kirche: tägl. 9–19 Uhr; Gedenkhalle in der Turmruine: Mo–Fr 10–18 Uhr, Sa 10–17.30 Uhr, So 12–17.30 Uhr, Tel. 030 / 218 50 23
Anfahrt
S / U Zoologischer Garten, U Kurfürstendamm, Bus 100, M19, M29

Europa-Center

Das 1963–65 errichtete Europa-Center avancierte neben der Gedächtniskirche zum Wahrzeichen West-Berlins, wegen des sich drehenden Mercedessterns auf dem Dach wird es auch „i-Punkt" genannt. Das 22-geschossige Hochhaus bildet die städtebauliche Dominante der in den 1950er-Jahren ausgebildeten West-Berliner „City" und stellt darüber hinaus Berlins wichtigsten Beitrag zum „International Style" dar, der weltumspannenden Kastenarchitektur in der meist falsch verstandenen Nachfolge Ludwig Mies van der Rohes.

Der Breitscheidplatz ist als zentraler Platz des ehemaligen West-Berlin das Gegenstück zum Alexanderplatz im Ostteil der Stadt. Während dieser jedoch dank einheitlicher Durchgestaltung eine monumentale Wirkung entfaltet, bleibt die Architektur des Breitscheidplatzes, trotz der beiden neuen Torbauten, beliebig. Auch die dem Alexanderplatz städtebaulich ähnlichste Anlage im Westen, der Ernst-Reuter-Platz, ist ein zufälliges Sammelsurium teilweise beachtlicher Einzelbauten ohne einheitlichen Charakter.

Das Europa-Center, erbaut am Ort des legendären Romanischen Cafés (in den 1920er-Jahren Treffpunkt der Literaten), ist ein großflächiger Komplex unterschiedlicher Baukörper. Der zweigeschossige Sockelbau, der inklusive des Untergeschosses von Ladengeschäften und Gastronomie genutzt wird, nimmt die gesamte Grundstücksfläche ein. Die Innenhöfe wurden in den 1970er-Jahren überdacht. Weitere Bauteile sind das Kino an der Tauentzienstraße, das Hotel Palace an der Budapester Straße, das benachbarte Appartementhaus und das 86 Meter hohe Hochhaus. Zum Breitscheidplatz ist der Flachbau um zwei Obergeschosse aufgestockt. Er nimmt damit die Traufhöhe der älteren Bebauung südlich des Platzes auf, korrespondiert aber auch mit der Nordseite des Platzes, dem sogenannten Zentrum am Zoo aus den 1950er-Jahren, das den Zoologischen Garten von der Stadt abschirmt. Zum Hardenbergplatz orientiert ist die 16-geschossige Hochhausscheibe, deren Fassade 1986 mit weißen Platten verkleidet wurde.

Der kastenförmige, völlig schmucklose Zoo-Palast war lange Zeit der Hauptschauplatz der jährlich im Februar stattfindenden Filmfestspiele (Berlinale). Den Nordrand des Breitscheidplatzes säumt das Bikinihaus (1955–57 Schwebes & Schoszberger), ein langer Flachbau, der ursprünglich aus dem zweigeschossigen Sockelbau mit Kolonnaden und einem auf Stelzen stehenden dreigeschossigen Aufbau bestand. 1978 wurde das heutige dritte Geschoss eingesetzt, bei der Generalsanierung 2010–14

entschied man sich für einen Mittelweg: Dieses Zwischengeschoss ist nun ganz in dunklem Glas gehalten. Das Erdgeschoss wurde zur Einkaufslandschaft für Flaneure, der rückwärtige Dachgarten in Höhe des dritten Geschosses bietet einen guten Blick auf die Affen im benachbarten Zoo.

Architektur
Nachkriegsmoderne West (International Style)
Helmut Hentrich, Hubert Petschnigg 1963–65
Neue Fassade nach dem originalen Vorbild 2000 / 01
Adresse
Charlottenburg, Breitscheidplatz
www.europa-center-berlin.de
Anfahrt
S / U Zoologischer Garten, U Kurfürstendamm, Bus 100, M19, M29

Philharmonie

Hans Scharouns Philharmonie war der erste Bau im Rahmen des Kulturforums. Vorausgegangen war ein Wettbewerbsentwurf für das Gelände der heutigen Freien Volksbühne nahe der Bundesallee. Als jedoch eine Verlegung an den Südrand des Tiergartens erwogen wurde, skizzierte Scharoun den Plan eines Kulturforums unter Aufgabe des alten Straßengrundrisses. Bereits ab 1938 waren einige Bauten des „Geheimratsviertels" abgerissen worden, um dem „Runden Platz" des Speer'schen „Germania" Platz zu machen. Im Krieg wurde das gesamte Viertel zerstört – übrig blieb einzig die Matthäuskirche.

Die Philharmonie gilt als Hauptwerk Hans Scharouns und als Musterbeispiel des „organischen Bauens" – jeder Bau sollte sich ohne formales Korsett aus der inneren Nutzung her „organisch" nach außen entwickeln. Diese speziell auf den jeweiligen Bauauftrag zugeschnittene Herangehensweise hat Scharoun und der Philharmonie bei Architekturkritikern viel Kritik eingebracht. Denn anders als etwa Mies van der Rohes Bauten konnte die Philharmonie nicht schulbildend werden, wies sie als „nicht typisierbares Unikum" keinen Weg für den weiteren Wiederaufbau Westdeutschlands.

Scharouns Anliegen war, „einem Ort des Musizierens und des gemeinsamen Erlebens der Musik eine entsprechende Form zu geben". Die traditionelle Form Bühne / Zuschauersaal kam nicht in Frage. Stattdessen rückte Scharoun das Orchester in den Mittelpunkt des Raumgefüges, das aus ineinander verdrehten Fünfecken konstruiert ist (daher das Signet der Philharmonie). Vom tiefsten Punkt des Saals aus, dem Orchesterpodium, steigen die zu überschaubaren Blöcken zusammengefassten Zuschauerränge terrassenförmig („wie ein Weinberg") an, bis fast unter das zeltartig durchhängende Dach, dessen Form auch den Außenbau bestimmt. Unter dem Saal befindet sich das Foyer, in dessen bizarrem Treppen- und Gängelabyrinth sich schon manch ein Musikfreund verlaufen hat. Mit der Dynamik und Komplexität der Philharmonie setzte Scharoun ein deutliches Zeichen gegen die zeittypisch vorherrschenden Bauten mit einfachen Rastern und minimierten Wegen.

Philharmonie (unten) und Kammermusiksaal

Von außen wirkt die Philharmonie wie der Bug

eines Schiffes, ein von Scharoun häufig angewandtes Motiv. Die Verkleidung aus gelb eloxierten Aluminiumplatten wurde erst 1978–81 angebracht, zuvor war der Bau ockerfarbig gestrichen.

1978–84 entstand nordöstlich das Musikinstrumentenmuseum von Edgar Wisniewski nach Plänen des 1972 verstorbenen Scharoun, 1984–88 wurde der Kammermusiksaal nach einer Ideenskizze von Scharoun und genauen Entwürfen von Wisniewski gebaut.

Architektur
Nachkriegsmoderne West
Hans Scharoun 1960–63
Adresse
Tiergarten, Kulturforum, Herbert-von-Karajan-Straße 1
www.berliner-philharmoniker.de
Tel. 030 / 25 48 80
Anfahrt
S / U Potsdamer Platz, Bus M29, M41, 148, 200

Neue Nationalgalerie

Für die Planung der Neuen Nationalgalerie wurde ein Mann berufen, dessen Architektur der Scharoun'schen Philharmonie nicht konträrer gegenüberstehen könnte. Während Scharoun seine Bauten ausgehend von ihrer Funktion, also von innen heraus konzipierte, musste sich bei Mies van der Rohe die Funktion der Form unterordnen. Denn Nutzungen ändern sich, aber „unsere Bauten, die halten für'n paar hundert Jahre".

Mit seinem Leitspruch „Weniger ist mehr" wurde der Rheinländer zum Wegbereiter einer ganzen Architektengeneration, oft genug aber auch missverstanden. Einfachste Formen waren für ihn kein Mittel zum rationellen, kostengünstigen Bauen – Mies van der Rohes Bauten waren oft genug außergewöhnlich teuer –, sondern Inseln der Ordnung und Klarheit in einem chaotischen, von den Ablagerungen der Jahrhunderte geprägten Umfeld. Seine Bauten sind Solitäre, ohne Rücksicht auf die Umgebung konzipiert und vor allem nutzungsneutral. Daraus folgte die Verknappung auf Stahlskelettkonstruktionen mit großen Glasfronten und flexiblen Grundrissen.

Das bedeutet aber nicht, dass sich Mies van der Rohe der Bautechnik unterworfen hätte. Im Gegenteil: „Bauen heißt konstruieren. Konstruieren heißt, jedes Detail bis ins Kleinste zu durchdenken und aus dem schöpferischen Zusammenhang der Details das Ganze schaffen."

So entwickelt sich die Wirkung der Neuen Nationalgalerie nicht nur aus ihrer Gesamtanlage heraus, sondern ist auch im Detail spürbar. Das Dach ist nicht etwa eine beliebige Stahlplatte bestimmter Größe, sondern im Zusammenspiel ihrer Flächen und Stege, Kanten und Nuten Ergebnis eines künstlerischen Wollens, dem die bautechnischen Sachverhalte angepasst werden mussten, ebenso die Konstruktion der Glasfronten und der acht Stahlstützen. Die Platte ist bei 65 Metern Kantenlänge in der Mitte um 10 Zentimeter gewölbt, um ein optisches Durchhängen zu vermeiden; die Stützen verjüngen sich. Sie nehmen die Stelle klassischer Säulen ein, die Gelenke vertreten die Kapitelle, die Seitenansicht der Stahlplatte wirkt wie ein klassisches Gebälk, die Gefache auf der Unterseite wie eine Kassettendecke.

Mies van der Rohe erhielt weitgehend Planungsfreiheit, schließlich war die öffentliche Forderung, der weltberühmte Architekt solle mit einem Bau in Berlin repräsentiert sein, der Auslöser des Projekts gewesen. Die 8,50 Meter hohe Halle, konstruiert unter der größten freitragenden Stahlplatte der Welt (im Innern zwei nicht tragende Installationsschächte), steht auf einer steinernen Terrasse, unter der sich das eigentliche Museumsgeschoss befindet. Es öffnet sich nach Westen mit einer großen Glasfront zu einem mauerumwehrten Skulpturenhof.

Architektur
Nachkriegsmoderne West
Ludwig Mies van der Rohe 1965–68
Adresse
Tiergarten, Kulturforum, Potsdamer Straße 50
www.smb.museum
Öffnungszeiten
vorübergehend geschlossen, Tel 030 / 266 42 42 42
Anfahrt
Bus M29, 148

Staatsbibliothek Haus 2

Das von Hans Scharoun geplante Kulturforum sah neben der Philharmonie (s. S. 164f.) den Kammermusiksaal, das Institut für Musikforschung, sechs Museen sowie ein Gästehaus vor. Die ursprüngliche Planung wurde aber nie realisiert, bereits mit dem Bauauftrag für die Neue Nationalgalerie (s. S. 166f.) an Ludwig Mies van der Rohe wurde die Idee eines baulich einheitlichen Ensembles aufgegeben. Den 1964 ausgeschriebenen Wettbewerb für eine Staatsbibliothek an der Potsdamer Straße (als Ersatz für die im damaligen Ost-Berlin befindliche alte Staatsbibliothek) gewann ebenfalls Scharoun. Die Bauarbeiten begannen 1967, nach Scharouns Tod 1972 übernahm sein Mitarbeiter Edgar Wisniewski die Leitung.

Über verschiedenen flachen Bauteilen erhebt sich der langgestreckte, hohe Baukörper des Magazins, mit seinen gelb eloxierten Aluminiumplatten die Außenansicht der Philharmonie spiegelnd. Ihm vorgelagert sind die Lese- und Vortragssäle, Foyers, Verwaltungsräume und das angegliederte Ibero-Amerikanische Institut in jeweils eigenen granitverkleideten Bauteilen. Dieser vielschichtigen und bunten Außenansicht entspricht das komplexe und dennoch großzügige Innere. Der Lesesaal ist unter dem einheitlichen, durch Glaspyramiden und Oberlichter aufgelockerten Flachdach in verschiedene Bereiche auf unterschiedlichen Ebenen aufgeteilt. Balkone, Treppen und Emporen formen eine abwechslungsreiche „Leselandschaft".

Wie schon die Philharmonie, so steht auch die Staatsbibliothek in krassem Gegensatz zur Neuen Nationalgalerie Ludwig Mies van der Rohes. Während Mies die „Halle an sich", eine allgemeingültige Form, konstruierte, entwarf Scharoun in der Staatsbibliothek einen mehr improvisierten als perfektionierten Bau, der „den Weg der Entwicklung offenhält". Während Mies, der die Zeit des Nationalsozialismus im amerikanischen Exil verbracht hatte, die klare Ordnung seiner Bauten dem Chaos der Umwelt entgegensetzte, hatte Scharoun diese Zeit mit dem Bau von Einfamilienhäusern in Deutschland überstanden. Er kämpfte nun, 1945 / 46 von den Sowjets als erster Baustadtrat eingesetzt, mit dezentralen, aufgelockerten Strukturen und dem geplanten Chaos gegen den Neoklassizismus Albert Speers an. Der Mensch sollte wieder das Maß aller Dinge sein.

Den Bau der weiteren Museen des Kulturforums übertrug man 1968 Rolf Gutbrod, doch nach heftiger Kritik an seinem Konzept und seinem ersten fertiggestellten Bau, dem Kunstgewerbemuseum, wurde 1985 ein neuer Wettbewerb ausgeschrieben. Die Preisträger Christoph Sattler und Heinz Hilmer errichteten die weiteren Bauten des Museumskomplexes: Kupferstichkabinett, Kunstbibliothek und Gemäldegalerie.

Architektur
Nachkriegsmoderne West
Hans Scharoun, Edgar Wisniewski 1967–78
Adresse
Tiergarten, Kulturforum, Potsdamer Straße 33
www.staatsbibliothek-berlin.de
Öffnungszeiten
Mo–Fr 9–21 Uhr, Sa 10–19 Uhr, Tel. 030 / 26 60
Anfahrt
S / U Potsdamer Platz, Bus M29, 148

Fernsehturm

Eigentlich ein merkwürdiger Gedanke, einen 365 Meter hohen Fernsehturm mitten ins Stadtzentrum zu stellen. So ungewöhnlich, dass der Berliner Turm bis heute der einzige so zentral gelegene in Europa ist, wenn nicht sogar weltweit. Man hat sich mittlerweile mehr als nur an ihn gewöhnt – der Turm wurde schnell zum Stolz der Ost-Berliner und ist heute unumstritten eines der Wahrzeichen der Gesamtstadt. Wohl kaum ein Berliner findet ihn dort deplatziert.

Die Idee zu einem Fernsehturm wurde aus der Notwendigkeit heraus geboren, für den Ostteil der Stadt eine eigene Antennenanlage zu errichten. Verschiedene Projekte außerhalb der Stadt hatten sich zerschlagen, und als auch noch das am Ort des gesprengten Schlosses geplante Hochhaus im zeittypischen „Zuckerbäckerstil" à la Moskau und Warschau obsolet geworden war, entschloss man sich zu diesem ungewöhnlichen Bauvorhaben. Realisiert wurde es in den Jahren 1965–69 vom Kollektiv Günther Kollmann.

Neptunbrunnen vor dem Roten Rathaus

Die Höhe hatte, so geht die Legende, Walter Ulbricht festgelegt, damit jedes Schulkind sie sich merken könne: 365 Meter, so viele wie das Jahr Tage hat. Er wurde zum damals zweithöchsten Turm Europas, nur noch übertroffen vom Moskauer Fernsehturm.

Der Stahlbetonschaft reicht bis in 250 Meter Höhe, darüber erhebt sich ein rot-weiß gestreifter Stahlmast. 1997 wurde das obere Ende abgetragen und durch eine um drei Meter höhere Spitze ersetzt.

Die Turmkugel enthält sieben Geschosse, zwei von ihnen sind für den Publikumsverkehr geöffnet: das Aussichtsgeschoss in 203 Meter Höhe und darüber das Telecafé, dessen Außenring mit den Tischen sich einmal pro Stunde um die eigene Achse drehte. Vor einigen Jahren wurde die Rotation auf eine halbe Stunde reduziert, um die Verweildauer der Gäste zu verkürzen. Die Außenhaut der Kugel besteht aus 140 Edelstahlsegmenten, die bei Sonnenbestrahlung ein großes Kreuz erscheinen lassen. „Gottes Rache", wie man es zu SED-Zeiten nannte.

Die Umbauung des Turmfußes entstand anschließend in den Jahren 1969–72, geplant vom Kollektiv Walter Herzog. Der zweigeschossige Ausstellungs- und Restaurantbau ist unter einem gefalteten und wie auseinandergeblätterten Dach verborgen. Kaskaden, Wasserspiele und der

riesenhafte Neptunbrunnen, einst als „Geschenk der Stadt Berlin an den Kaiser" auf dem Schlossplatz aufgestellt (Reinhold Begas 1888–91, die seinerzeit vier deutschen Ströme Rhein, Elbe, Oder und Weichsel personifizierend), komplettieren das Ensemble.

Architektur
Nachkriegsmoderne Ost
Kollektiv Günther Kollmann u. a. 1965–69, Umbauung: Kollektiv Walter Herzog u. a. 1969–72
Adresse
Mitte, Alexanderplatz, Panoramastraße 1a
www.tv-turm.de
Öffnungszeiten
März–Okt. tägl. 9–24 Uhr, Nov.–Febr. 10–24 Uhr, Tel. 030 / 24 75 75 37
Anfahrt
S / U Alexanderplatz

ICC – Internationales Congress Centrum

Erfolg ist relativ. Viele Jahre lang war das 1979 eröffnete Internationale Congress Centrum Berlin das mit Abstand wichtigste Tagungszentrum Deutschlands und eines der am besten ausgelasteten weltweit. Stolz verwies die Messegesellschaft darauf, dass es mehrfach zum beliebtesten Tagungsort der Welt gewählt wurde. Und doch machte es jedes Jahr Verlust. Zwei große und rund 80 kleinere Säle und Räume bietet Europas größtes Kongresszentrum – und gilt doch als zu klein, zu unökonomisch in der Raumaufteilung, zu teuer, was die Betriebskosten betrifft – und ist zu allem Unglück noch asbestverseucht. Nach langen Diskussionen um Abriss und Neubau fällte der Senat 2008 die Entscheidung, das ICC zu sanieren und weiterzubetreiben, 2014 kam dann doch das Aus. Die Zukunft ist völlig offen, seit 2015 dient das ICC als Unterkunft und zentrale Anlaufstelle für Flüchtlinge.

Den Wettbewerb zum Bau einer Multifunktionshalle auf dem Messegelände gewann 1965 das junge Architektenehepaar Ralf Schüler und Ursulina Schüler-Witte. Die Vorgaben änderten sich mehrfach, und als die Arbeiten 1975 begannen, war aus der einfachen Halle das größte und teuerste deutsche Bauvorhaben seit dem Zweiten Weltkrieg geworden.

Bis heute gilt der Bau als Prototyp eines modernen Tagungszentrums. Denn er ist anders konzipiert als alle Vorgänger. Der Bauplatz auf einer Verkehrsinsel zwischen Autobahn, Messedamm und Kantstraße ließ die Schülers auf den Gedanken kommen, ihren Bau wie ein Schiff mit verschiedenen Decks anzulegen. Unter dem Straßenniveau befinden sich drei Kellergeschosse mit den Versorgungszentralen. Durchdrungen wird das Kellerbauwerk von zwei Reihen à 13 runden Stützen mit 2,50 Meter Durchmesser, die an ihren Köpfen – über der Verteilerebene im Erdgeschoss – Elastomerlager besitzen, gummiartige Körper, die die Übertragung von Schall und Vibrationen verhindern. Auf ihnen liegen Stahlbetonbinder auf, zwischen denen die kleineren Säle platziert sind. Darüber, 13 Meter über dem Straßenniveau, liegt die Ebene der beiden großen Säle, die unter Einbeziehung der mittleren Bühne zu einem großen Raum mit 9100 Plätzen kombiniert werden können. Die den gesamten Bau umfangende Wand-Dach-Konstruktion hängt an einem silbern eloxierten Stahlfachwerk, das auf außen angesetzten Treppenhäusern aufsitzt. Zwischen den Treppenhäusern und dem Fachwerk dämpfen wiederum Neoprenlager Schall und Vibrationen. Die Hauptfront des 320 Meter langen und 80 Meter breiten Gebäudes zeigt in Analogie zu einem Schiff eine verglaste (Schiffs-) Brücke.

Vom Ehepaar Schüler stammt auch der kuriose „Bierpinsel" in Steglitz, ein 46 Meter hoher, gastronomisch genutzter Turmbau mit knallroten Kunststoffverkleidungen – Paradebeispiel der Pop-Architektur der 1970er-Jahre. Und in Steglitz findet sich auch das berühmteste Beispiel der von Filz und Vetternwirtschaft begünstigen Monumentalarchitektur jener Jahre: das Bürohaus „Steglitzer Kreisel" (Sigrid Kressmann-Zschach 1969–72), mit 119 Metern Höhe noch heute das höchste Gebäude im Westteil der Stadt.

Architektur
Moderne
Ralf Schüler, Ursulina Schüler-Witte 1973–79
Adresse
Charlottenburg, Messedamm 22
Öffnungszeiten
bis auf Weiteres geschlossen, Tel. 030 / 303 80
Anfahrt
U Kaiserdamm, S Witzleben

Bauhaus-Archiv – Museum für Gestaltung

Um das 1971 von Darmstadt nach Berlin gekommene Bauhaus-Archiv stilecht unterzubringen, entschied man sich für den Entwurf seines zwei Jahre zuvor verstorbenen Gründers und ersten Direktors Walter Gropius, der 1964 für den Nordhang der Darmstädter Rosenhöhe entstanden war. Der ehemalige Gropius-Mitarbeiter Alexander Cvijanovic modifizierte ihn für den Berliner Standort. Beispielsweise ist die den Baukörper zerschneidende Rampe eine Zutat von Cvijanovic.

Der Komplex besteht aus zwei zweigeschossigen, annähernd gleich langen Baukörpern mit unterschiedlichen Grundrissen, die leicht versetzt parallel angeordnet und durch einen Zwischentrakt verbunden sind. Charakteristikum sind die 4 mal 4 Meter hohen Dachhauben, die in strenger Reihung nach Norden (zur besten Beleuchtung der Exponate) angeordnet sind. Anders als von Gropius geplant, wird die Fassade, hinter der sich ein Stahlbetonskelettbau verbirgt, durch dunkle Fugen zwischen den weiß gestrichenen Betonplatten in kleine Einzelflächen zerlegt. Im Nordteil sind die Verwaltungs- und Arbeitsräume untergebracht, im Südteil die Ausstellungsräume. Die farbigen Metallsäulen zu beiden Enden der Rampe stammen von Max Bill.

Bauhaus-Architekt Walter Gropius (1919)

Aufgabe des Archivs ist es, die Hinterlassenschaft einer der bedeutendsten Kunsthochschulen des 20. Jh. zu sammeln, wissenschaftlich zu bearbeiten und der Öffentlichkeit zu präsentieren. Die 1919 von Gropius in Weimar gegründete staatliche Schule war ab 1925 in Dessau beheimatet, wurde 1932 jedoch, nachdem die NSDAP die Stadtratswahlen gewonnen hatte, geschlossen. Ludwig Mies van der Rohe, seit 1930 Schulleiter, führte sie noch ein halbes Jahr als Privatinstitut in Berlin weiter, in einem nicht erhaltenen Fabrikgebäude an der Birkbuschstraße in Lankwitz.

Walter Gropius hat eine ganze Reihe von Bauten in Berlin entworfen, verbunden ist sein Name aber vor allem mit der „Großsiedlung Britz-Buckow-Rudow", die 1972 in Gropiusstadt umbenannt wurde. Aus Gropius' Büro „The Architects Collaborative" stammte der ursprüngliche Bebauungsplan, der aber unter Leitung von Gropius' Kontakt-Architekt Wils Ebert beträchtlich modifiziert wurde. Gropius' berühmtestes Wohn-

haus, die hölzerne Villa Sommerfeld, ist zerstört, erhalten blieb jedoch das ähnliche Haus Otte (1921 / 22) in der Zehlendorfer Wolzogenstraße.

Der Bereich rings um das Bauhaus-Archiv wurde im Zweiten Weltkrieg fast völlig zerstört. Überlebt haben in direkter Nachbarschaft die Villa von der Heydt (1862), das letzte Beispiel der einst in dieser Gegend so beliebten vornehm-klassizistischen Stadtvillen, und in der Hildebrandstraße die Estnische Botschaft. Am südlichen Ufer des Landwehrkanals erhebt sich das monumentalische Grand Hotel Esplanade (Jürgen Sawade 1986–88).

Architektur
Nachkriegsmoderne West
Walter Gropius / Alexander Cvijanovic 1976–79
Adresse
Tiergarten, Klingelhöferstraße 14
www.bauhaus.de
Öffnungszeiten
Mi–Mo 10–17 Uhr, Tel. 030 / 254 00 20
Anfahrt
Bus 100, M29

Friedrichstadtpalast

Der 1981–84 errichtete Friedrichstadtpalast ist das prominenteste Beispiel der DDR-Postmoderne und einer der Höhepunkte des Plattenbaus. Anders als die Fassade des ambitionierten Westin Grand Hotels Unter den Linden, die sich aus dem reichen Fundus des Berliner Klassizismus bedient, und der Neubauten am Gendarmenmarkt, die Jugendstil-Elemente in die Formsprache des Plattenbaus übersetzen, hat man für die Fassade des Friedrichstadtpalastes eine ganz eigene Ornamentik gefunden.

Das größte Revuetheater Europas trägt einen traditionsreichen Namen. Zwischen Friedrichstraße und dem heutigen Berliner Ensemble, an der Straße Am Zirkus, stand der berühmte Vorgängerbau, hervorgegangen aus einer 1865–68 errichteten Markthalle, die später zur Zirkusarena umgebaut worden war. 1919 übernahm der Theatermann Max Reinhardt den Bau und ließ ihn von Hans Poelzig zur berühmten „Tropfsteinhöhle" umbauen, die mit ihrem expressionistischen Dekor die großen akustischen und gestalterischen Probleme des Raums auffing. 1924 zog Erik Charells Revuetheater ein, ab 1933 firmierte es als „Theater des Volkes", mit dem Schwerpunkt Berliner Operette.

Schon 1945 konnte das Gebäude als Unterhaltungstheater wieder in Betrieb genommen werden, ab 1947 unter dem heutigen Namen. Grundwasserschwankungen bereiteten dem auf Holzpfählen gegründeten Riesenbau ein Ende. Aufgrund der morschen Stützen musste das Theater 1980 seine Pforten schließen, 1986 erfolgte der Abriss.

Zentrum des neuen „Palasts" ist der Große Saal für 1900 Zuschauer, ausgestattet mit allen technischen Finessen, u. a. einem Hubpodium mit 12 Metern Durchmesser auf der Vorbühne. Im südlichen Gebäudeteil ist die „Kleine Revue" mit 240 Plätzen untergebracht, die Proberäume liegen im hinteren Gebäudeteil. Die ganze Außenhaut ist mit sandsteinfarbenen Betonplatten verhängt, den Foyertrakt zur Friedrichstraße hin zieren zusätzlich verschiedenfarbige Glasbetonelemente.

Südlich der Spree findet sich eine zweite Spielstätte der leichteren Muse, der „Admiralspalast" mit seiner bombastischen Fassadengestaltung. 1910 als Vergnügungsstätte mit luxuriösem Hallenbad und Eislaufhalle errichtet, beherbergt der Komplex nach mehreren Umbauten heute den 1750 Zuschauer fassenden Theatersaal (am Ort der einstigen Eislaufhalle, 1955–97 „Metropol-Theater") und das Kabarett „Die Distel" (im Vorderhaus). Ganz in der Nähe haben sich mit dem Berliner Ensemble, dem Deutschen Theater und der Komischen Oper drei plüschig-prächtige Theatersäle des Historismus erhalten.

Architektur
Postmoderne Ost
Kollektiv Walter Schwarz u. a. 1981–84
Adresse
Mitte, Friedrichstraße 107
www.friedrichstadtpalast.de
Anfahrt
S / U Friedrichstraße, U Oranienburger Tor

Nikolaiviertel

Es gibt in Deutschland nicht wenige Städte, deren mittelalterlicher Kern im Zweiten Weltkrieg in Schutt und Asche versank, doch nur selten hat man beim Wiederaufbau so sehr Tabula rasa gemacht wie in Berlin. Auf dem Gebiet des alten Stadtzentrums erstand eine sozialistische Stadt mit großen Wohnblöcken, großen Grünflächen, großen Magistralen und nicht zuletzt einem Fernsehturm (s. S. 170f.) in der Mitte. Was an alter Bausubstanz erhalten geblieben war oder wiederhergestellt wurde, gehörte bereits jüngeren Epochen an, in denen man nicht minder rücksichtslos mit der alten Stadtanlage umgegangen war und ganze Viertel abgerissen hatte – wie z. B. beim Roten Rathaus oder beim Stadthaus.

Kopie des Lokals „Zum Nussbaum"

Nur die Keimzelle Berlins, das Gebiet um die Nikolaikirche (s. S. 14f.), in dem sich im 12. Jh. nahe dem Übergang über die Spree die ersten Kaufleute niedergelassen hatten, wurde vorerst ausgespart – die Kirchenruine und die wenigen erhaltenen Wohnhäuser blieben bis in die 1970er-Jahre hinein ihrem Schicksal überlassen.

Doch 1987, zu Berlins 750-Jahr-Feier, sollte der alte Stadtkern „seiner historischen Bedeutung gemäß mit neuen, rekonstruierten und wieder aufgebauten Gebäuden, Straßen und Plätzen, mit bau-, raum-und bildkünstlerischen Mitteln so zu einer harmonischen Einheit geformt werden, dass der lebendige Bezug zum Ursprünglichen und zur traditionsreichen Berliner Geschichte stets auch im Alltag erlebbar ist".

Nach Plänen des Kollektivs Günter Stahn, das als Sieger aus dem städte-

Blick über die Spree aufs Nikolaiviertel

baulichen Wettbewerb von 1979 hervorgegangen war, erhielt Berlin seinen historisierend unhistorischen Altstadtersatz.

Rund um die „ehrlich" restaurierte Nikolaikirche entstanden originalgetreue „Adaptionen Alt-Berliner Bürgerhäuser", darunter „Berlins älteste Kneipe", der „Nussbaum", einst auf der Fischerinsel gelegen, die „Gerichtslaube" aus dem 13. Jh., die 1860 abgerissen und praktisch als neugotischer Neubau im Schlosspark von Babelsberg aufgestellt wurde, und die pittoreske Häuserzeile südlich der Nikolaikirche, ebenso „Berlins schönste Ecke", das Ephraim-Palais (s. S. 46f.) am Molkenmarkt.

Wiederhergestellt wurden auch drei historistische Wohn- und Geschäftshäuser, darunter das stattliche „Kurfürstenhaus" am Kupfergraben (Carl Gause 1895), sowie das barocke Knoblauchhaus mit seiner frühklassizistischen Fassade (großes Foto). Eingerahmt wird das altertümliche Ensemble von drei- bis achtgeschossigen Plattenbauten mit Wohnungen, Geschäften und Gastronomie.

Architektur
Gotik / Klassizismus / Historismus / Postmoderne
Kollektive Günter Stahn, Heinz Mehlan, Rolf Ricken (Rekonstruktionen)
1979–87
Adresse
Mitte
Anfahrt
S / U Alexanderplatz, U Klosterstraße, Bus 100

IBA-Bauten am Fraenkelufer

Das Jahr 1979 bedeutete einen Umbruch in der (west-)deutschen Architekturgeschichte. Anlässlich der Konstituierung der Internationalen Bauausstellung (IBA) wurde nicht nur die Postmoderne eingeläutet, sondern auch ein Paradigmenwechsel – weg von der Kahlschlagsanierung, hin zur behutsamen Stadterneuerung – vollzogen. Ziel war es, „die Innenstadt als Wohnort" zurückzugewinnen.

Anders als beim Vorläufer 1957 wurden unter dem Dach der IBA 1987 verschiedene Einzelprojekte in Kreuzberg, Tiergarten und Tegel zusammengefasst. Ein relativ kleines, aber vielbeachtetes Projekt bildete die Lückenschließung eines Baublocks am Fraenkelufer in Kreuzberg, in einem Stadtgebiet, das weniger unter den Kriegsschäden als vielmehr unter den Nachkriegsplanungen zu leiden hatte.

Admiralsbrücke mit einem der IBA-Bauten

Es liegt im Schatten eines der berüchtigtsten Sanierungsgebiete Berlins, der Hochhausbebauung am Kottbusser Tor, genannt „Neues Kreuzberger Zentrum". Auch zwischen Kottbusser Tor und Fraenkelufer war der komplette Abriss der Altbausubstanz vorgesehen. Der kanalnahe Bereich sollte zur Grünzone werden, eine Stadtautobahn sollte, von der Hasenheide kommend, über den Wassertorplatz bis zum Oranienplatz führen. Erst 1976 wurde dieses fragwürdige Konzept endgültig verworfen.

Die Altbauten am Fraenkelufer blieben erhalten, zwei Baulücken wurden mit „Torhäusern" geschlossen. Sie führen ins Blockinnere, wo an der gegenüberliegenden Brandmauer ein weiterer Baublock entstand. Die Entwürfe stammen vom Ehepaar Hinrich und Inken Baller, das eine ganz eigene, unverwechselbare Handschrift entwickelt hat. Ihre Fassaden zeichnen sich durch ausschwingende Linien in Balkonen, Traufen und Dachgauben aus.

Auch die Wohnungen sind fantasievoll und abwechslungsreich geschnitten, die Größen reichen von Zwei- bis Sechszimmerwohnungen, darunter auch Maisonnettes. Trotz allem blieben die Baukosten niedrig, die Häuser entstanden im sozialen Wohnungsbau.

Weitere beachtenswerte Bauten von Hinrich und Inken Baller finden sich u. a. am Kottbusser Damm 2–3, auf der Schloßstraße in Charlottenburg (Doppelturnhalle und Wohnhaus) und in Dahlem (Philosophisches Institut der FU).

An der Admiralstraße 16 entstand ein vielbeachtetes „Selbstbauprojekt" im Rahmen der IBA. Hier wurde in eine Baulücke ein Stahlbetongerüst eingesetzt, in dessen sechs Geschosse die zukünftigen Mieter in Absprache mit den Architekten individuell ihre Wohnungen einbauen konnten.

Architektur
Postmoderne
Hinrich und Inken Baller 1982–84
Adresse
Kreuzberg, Fraenkelufer
Anfahrt
U Kottbusser Tor, U Schönleinstraße

Wohnpark am ehemaligen Berlin Museum

Kernbereiche der Internationalen Bauausstellung 1987 waren die Nachkriegsbrachen in Kreuzberg, die nun behutsam geschlossen werden sollten. Eines der interessantesten Projekte in diesem Gebiet, das sich fast vom Potsdamer Platz im Westen bis zum Moritzplatz im Osten erstreckt, liegt an der Lindenstraße. Im ersten 1980 von der IBA ausgeschriebenen Wettbewerb ging es darum, die beiden Altbauten Berlin Museum (heute Jüdisches Museum) und Victoria-Versicherung in ein städtebauliches Gesamtkonzept einzubinden. Wettbewerbssieger wurden Hans Kollhoff und Arthur Ovaska, doch wurde, wie so oft bei Wettbewerben, deren Ursprungskonzept völlig verändert, vor allem vom privaten Bauherrn. Statt der für Berlin typischen geschlossenen Blockbebauung entstanden in den Jahren 1984–86 eine Reihe von Einzelbauten, zumeist sogenannte Stadtvillen, entworfen von acht Architektenteams aus Deutschland, der Schweiz, Österreich, der ČSSR und Japan. Das Projekt näherte sich darin dem an der Rauchstraße (südlich des Tiergartens) an, ohne aber dessen „raumschaffende" Qualitäten zu erreichen.

Viel Kritik hat der Eingangsbau (Foto) von Werner Kreis und den Brüdern Ulrich und Peter Schaad hervorgerufen. Er sollte zwischen den beiden Altbauten vermitteln und den inneren Bereich der Stadtvillen zur Lindenstraße hin abschirmen. Stattdessen erdrückt er mit seiner glatten Klobigkeit und dem bogenförmigen oberen Abschluss fast den filigranen Barockbau. Die zwölf axial angelegten Villen, deren nördliche Reihe untereinander verbunden ist, sind recht klein dimensioniert und mit postmodernen Elementen verziert. Den Abschluss zur Alten Jakobstraße bildet ein Hausriegel des „Stavoprojekt Liberec".

Den Block hinter der Victoria-Versicherung bebauten Kollhoff und Ovaska mit einer 170 Meter langen Wohnzeile in „klassisch moderner" Formsprache, die nördliche und östliche Blockrandbebauung stammt von Dieter Frowein und Gerhard Spangenberg. Im Zentrum des Blocks, in die Hofanlage des Victoria-Gebäudes einbezogen, steht als Solitär ein prototypisch postmoderner Bau von Arata Isozaki.

Nur wenige Schritte nördlich liegen zwei weitere IBA-Gebiete: Das Areal Ritterstraße-Süd wurde 1979–81 nach dem Konzept von Rob Krier von verschiedenen Architekten heterogen mit postmodernen Fassaden gestaltet, der Bereich Ritterstraße-Nord 1982–88 basiert ebenfalls auf einer Gesamtplanung Kriers. Die große, trotz unterschiedlicher Architekten-Handschriften homogen wirkende Anlage gruppiert sich um den

Schinkelplatz, dessen klassizistisches „Feilner-Haus" ein (heftig kritisierter) Neubau von Krier ist.

Postmoderne par excellence bietet auch die 1985–88 im Rahmen der IBA entstandene Bebauung des einstigen Tegeler Industriehafens nach einer Gesamtplanung der Kalifornier Moore, Ruble und Yudell.

Architektur
Postmoderne / Moderne
Hans Kollhoff, Arthur Ovaska u. a. 1984–86
Adresse
Kreuzberg, Lindenstraße / Am Berlin Museum
Anfahrt
U Hallesches Tor, U Kochstraße, Bus M29

Kant-Dreieck und Ludwig-Erhard-Haus

„Der große ‚Hahnenkamm' aus genietetem Blech, der das Haus bekrönt und sich im Winde dreht, grüßt in die verschiedenen Richtungen und auch in die Vergangenheit: grüßt Schriftsteller im Romanischen Café und die Künstler der Sezession, liebäugelt mit Josephine Baker und der Bühne im Theater des Westens. Diesem Ort, an dem sich Melancholie und Heiterkeit die Waage halten, soll das Kant-Dreieck bildhaft entsprechen."

Es ist ein großer Anspruch, den Josef Paul Kleihues seinem Bau (großes Foto) auflädt, und es lässt sich trefflich streiten, ob die Architektur dem standhält. Eines ist jedoch gelungen: Mit dem großen „Segel" in 36 Meter Höhe hat die West-Berliner City ein neues Wahrzeichen erhalten – und Kleihues den Architekturpreis des Bundes Deutscher Architekten 1994 gewonnen.

Ludwig-Erhard-Haus, Sitz der Berliner Börse

Der Unterbau ist aus zwei Würfeln mit 18 Metern Kantenlänge aufgebaut. Der untere fünfgeschossige Kubus ist – Kleihues-typisch schlicht – mit Gneisplatten verkleidet, ebenso der gleich hoch anschließende dreieckige Bauteil, den eine große Glasfassade zur Fasanenstraße auszeichnet. Der obere sechsstöckige Kubus besteht aus einer Stahlkonstruktion mit außenliegenden Diagonalstreben. Ursprünglich sollte das Gebäude um einen Kubus höher werden, doch das Bezirksamt verweigerte die Genehmigung. Die unproportional gedrungene Gestalt ist also nicht Kleihues anzulasten. Mittlerweile überlegt man aber, das Gebäude doch aufzustocken.

Erst 1998 fertiggestellt wurde der gegenüberliegende Erweiterungsbau der IHK von Nicholas Grimshaw, Ludwig-Erhard-Haus genannt, in das bereits 1997 die Börse eingezogen ist. Vorbild der Konstruktion war ein Gürteltier, dessen Panzerform durch die hochschwingenden Stahlbinder übernommen wird. Zugrunde lag die Idee, dem lebendigen, sich täglich ändernden „Organismus" Börse eine adäquate, organische Architekturhülle zu geben. Ursprünglich sollten die Stahlbögen auch die Fassade zur Fasanenstraße hin bilden, doch schließt der Bau nun in

Kant-Atrium des Ludwig-Erhard-Hauses

einer glatten fünfgeschossigen Fassade ab, damit die Traufhöhe erkennbar wird – ebenfalls auf Geheiß der Behörden.

Im Innern bietet eine öffentlich zugängliche „interne Straße" einen Blick aufs Börsenparkett, außerdem befinden sich zwei haushohe, oben verglaste Atrien zwischen den flexibel arrangierbaren Büroräumen.

So stehen sich hier auf engem Raum zwei „zoomorphe" Gebäude in gegensätzlichen Architektursprachen gegenüber: einerseits der „Hahnenkamm" auf dem streng rational organisierten Kant-Dreieck, andererseits das expressive Gerippe des „Gürteltiers", eine ungewöhnliche Ingenieursleistung, mit der die Fassadengestaltung aber leider nicht mithalten kann.

Architektur
Zeitgenössische Moderne
Kant-Dreieck: Josef Paul Kleihues 1992–95
Ludwig-Erhard-Haus: Nicholas Grimshaw 1994–98
Adresse
Charlottenburg, Kantstraße 155 bzw. Fasanenstraße 83 / 84
Anfahrt
S / U Zoologischer Garten, U Kurfürstendamm

Willy-Brandt-Haus

Als erster Neubau einer Bundesparteizentrale in Berlin konnte 1996 das Willy-Brandt-Haus eingeweiht werden. Der Standort im alten Arbeiterbezirk Kreuzberg war dabei Programm.

Die architektonische Herausforderung lag nicht nur in der spitz zulaufenden Form des Grundstücks, sondern auch in der städtebaulich desolaten Umgebung. Bedingt durch die schweren Zerstörungen des Zweiten Weltkriegs, finden sich hier noch heute zahlreiche Brachflächen, Nachkriegsbebauung ohne städtebaulichen Zusammenhang und in unmittelbarer Nähe die aus heutiger Sicht verfehlte Neuordnung des Mehringplatzes (bis 1975 nach Plänen von Hans Scharoun, modifiziert von Werner Düttmann).

In dieser disparaten Umgebung setzt die 1993–96 nach Plänen des Wiesbadener Architekten Helge Bofinger gebaute und nach dem Erneuerer der Ostpolitik Willy Brandt benannte Bundeszentrale der Sozialdemokratischen Partei Deutschlands einen prägnanten Akzent. Dominante des siebengeschossigen Baus ist naturgemäß die abgestumpfte Blockspitze. Über dem konkaven Grundriss schwingen die oberen drei Geschosse nach vorne aus. Schräg aus den Baufluchten der Seitenfassaden vorspringende Balkone im sechsten Geschoss erzeugen zusätzliche Dynamik und erinnern gleichzeitig an die Brücke eines Dampfers, als dessen Kapitän der Parteivorsitzende im anstoßenden Büro residiert.

Die Außenansicht wird geprägt durch große Fensterflächen, die in ein weiträumiges Raster aus hellen Kalksteinplatten eingefasst sind. Im Zentrum des Baus befindet sich ein haushohes, vollständig verglastes Atrium, das auch für kulturelle Veranstaltungen genutzt wird. Im rückwärtigen Teil durchquert eine Passage den Bau. Ladengeschäfte und Gastronomie beleben das Erdgeschoss.

Mit seiner klaren Linienführung, der Dynamik und der Transparenz seiner Fassaden knüpft Bofinger an die Tradition der Klassischen Moderne an. Das Willy-Brandt-Haus hält einem Vergleich mit dem berühmten IG-Metall-Haus von Erich Mendelsohn (1929 / 30) durchaus stand, das auf dem analogen Grundstück jenseits des Mehringplatzes liegt (Alte Jakobstraße 148–155).

Einen zweiten Blick wert ist das große Wohnhaus eine Ecke weiter am Halleschen Ufer, das sich mit kühnem Betonschwung über die Berliner Traufhöhe erhebt (1968–71 vom bedeutenden Architektenduo Hermann Fehling und Daniel Gogel).

Architektur
Zeitgenössische Moderne
Helge Bofinger 1993–96
Adresse
Kreuzberg, Wilhelmstraße 141 / Ecke Stresemannstraße
www.willy-brandt-haus.de
Öffnungszeiten
Ausstellungen: Di–So 12–18 Uhr, Tel. 030 / 25 99 37 00
Anfahrt
U Hallesches Tor, Bus M41

Friedrichstadt-Passagen

Von den zahlreichen Neubauprojekten längs der Friedrichstraße waren die drei Blöcke der Friedrichstadt-Passagen die ersten und meistbeachteten. Bereits in den letzten Jahren der DDR hatte man mit der Planung und Bebauung des Areals begonnen, doch nach einem neuen Wettbewerb wurden die Rohbauten Anfang der 1990er-Jahre wieder abgerissen. Ihren Namen leitet die Baugruppe aus der Ladenpassage her, die die drei „Quartiere" im Untergeschoss verbindet.

Als einziges der drei umfasst das südliche Quartier 205 den ganzen Straßenblock und wirkt damit auch auf den rückwärtigen Gendarmenmarkt. Oswald Mathias Ungers thematisiert hier „das Motiv Berliner Block". Um einen achtgeschossigen Kernbau, der sich im Innern zu zwei Innenhöfen öffnet, sind sechs „Einzelhäuser" gruppiert, die den Blockrand markieren und nach sechs Geschossen die Traufhöhe der umliegenden Bebauung aufnehmen. In den Einschnitten zwischen ihnen liegen die Eingänge zu den durchlaufenden Passagen, und hier öffnet sich auch der Blick auf den andersfarbig verkleideten Kernbau. Es bleibt die Frage, ob die glatten steinernen Fassaden und die Grundidee einer ausschließlich auf dem Quadrat beruhenden, auf jegliches Beiwerk verzichtenden Struktur tragfähig ist für die Bebauung eines so großen Baublocks.

Einkaufspassage im Quartier 205

Einen extremen Gegenpol bildet der Nachbarblock des Amerikaners Henry Cobb, das Quartier 206 (großes Foto). Die Fassade ist geprägt durch keilförmig vorspringende Elemente, die über das Traufgesims übergreifen und nachts auffällig illuminiert sind. Auch im Innern setzt sich der im Material edle, in der Form expressive, unruhige Duktus fort. Cobb wollte nach eigenen Worten zeigen, „daß eine großflächige kommerzielle Entwicklung doch so gestaltet werden kann, daß sie die urbane Szenerie nicht unterdrückt, sondern belebt".

Der nördliche Block des Franzosen Jean Nouvel für das Warenhaus Galeries Lafayette (vorn im Bild) kam in der Architekturkritik am besten weg. Entgegen der von Stadtbaudirektor Stimmann geforderten steinernen Architektur besteht die Außenhaut komplett aus Glas. Sie ist jedoch nicht auf Transparenz angelegt. Über der horizontal gegliederten Fassade erheben sich hohe Dachaufbauten. Befremdlich wirkt der unscheinbar geratene

Haupteingang, wie ein noch kleinerer Nebeneingang an der Französischen Straße. Im Innern ersetzen zwei plexiglasverkleidete Kegel einen Innenhof. Die entgangene Verkaufsfläche wird durch niedrige Geschosshöhen ausgeglichen, sodass sich kein großzügiger Raumeindruck ergibt.

Alle Blöcke werden für Ladengeschäfte, Büros und Wohnungen genutzt.

Architektur
Zeitgenössische Moderne / Postmoderne
Oswald Mathias Ungers, Henry Cobb, Jean Nouvel 1993–96
Adresse
Mitte, Friedrichstraße
Anfahrt
U Französische Straße, U Stadtmitte

Jüdisches Museum (Libeskindbau)

Aufgabe eines Wettbewerbs war es, einen Erweiterungsbau für das Berlin Museum zu entwerfen, in dem auch die Jüdische Abteilung untergebracht werden sollte. Sieger wurde unter 165 Wettbewerbern der Amerikaner Daniel Libeskind. Neben den qualitätvollen barocken Bau des einstigen Kammergerichts, entstanden 1734/35 nach Plänen von Philipp Gerlach, setzte er als völligen Stilbruch und ohne äußere Verbindung einen unregelmäßig gezackten, silbern glänzenden Solitär.

„Die Idee ist sehr einfach: ein Museum um eine Leere zu bauen, die durch dieses hindurchläuft, eine Leere, die vom Publikum zu erfahren ist. Von der jüdischen Präsenz in Berlin ist materiell nur wenig übriggeblieben – kleine Dinge, Dokumente, Archivmaterial, eher die Abwesenheit als die Anwesenheit wachrufend."

W. Michael Blumenthal Akademie

Entsprechend entwarf der in Polen geborene Amerikaner auf dem vorgesehenen dreieckigen Baugrundstück einen blitzförmig gezackten Monolithen, dessen silbern metallene Außenhaut durch zahlreiche Einschnitte, Schrammen und Verletzungen gleich, geprägt ist. Mit dem Altbau verbindet ihn allein die übernommene Gebäudehöhe.

Der keinem rationalen Schema unterworfene Grundriss wird durch eine Längsachse von Ost nach West durchschnitten. Diese gebäudehohen Schnitträume kann man nicht betreten, sondern nur auf Brücken durchqueren. Sie symbolisieren die „Leere", die die Judenvernichtung in Berlin hinterlassen hat. Innerhalb der einzelnen Etagen gibt es keine weiteren Untergliederungen.

Man betritt das Jüdische Museum unterirdisch durch den Altbau. Eine lange gerade Treppe führt bis hinauf ins zweite Obergeschoss, von dem aus am anderen Ende des Gebäudes eine Treppe in den ersten Stock führt und somit einen Rundgang möglich macht. Das dritte Geschoss ist für die Verwaltung reserviert.

Barocker Altbau mit überdachtem Hinterhof

Der Libeskindbau zeigt eindrucksvoll, dass der die Gesetze der Statik scheinbar überwindende „Dekonstruktivismus" nicht nur eine architektonische Modeströmung ist, sondern auch eine

inhaltlich konsequente Ausdrucksform sein kann. Mit Vorschusslorbeeren überschüttet, ist Libeskinds Museumsbau vermutlich der von der Architekturkritik am positivsten aufgenommene Neubau der 1990er-Jahre in Berlin.

Nach Plänen von Libeskind wurde 2007 der Innenhof des Altbaus überdacht, 2012 / 13 wurde die einstige Blumengroßmarkthalle gegenüber zur „W. Michael Blumenthal Akademie" umgebaut. Denn das Jüdische Museum, das die größte Ausstellung zur jüdischen Geschichte in Europa zeigt, ist eines meistbesuchten Museen in Berlin. Schon vor der Eröffnung 2001 wurde es aus der Stiftung Stadtmuseum herausgelöst und in die Trägerschaft einer staatlichen Stiftung überführt.

Architektur
Dekonstruktivismus
Daniel Libeskind 1993–99
Adresse
Kreuzberg, Lindenstraße 9–14
www.jmberlin.de
Öffnungszeiten
Di–So 10–20 Uhr, Mo 10–22 Uhr, Tel. 030 / 25 99 33 00
Anfahrt
U Hallesches Tor, U Kochstraße, Bus M29, 265

Potsdamer Platz (Daimler-City)

Die Rechnung der Stadtplaner ist aufgegangen: Die Berliner haben die Cafés, Kinos und die große Einkaufspassage der neuen Daimler-City bestens angenommen. Den Masterplan für das 6,8 Hektar große Stadtviertel entwarfen die Wettbewerbssieger Renzo Piano und Christoph Kohlbecker, für die detaillierte Ausarbeitung und die architektonischen Entwürfe wurden fünf weitere Architekten (-teams) hinzugezogen. Dies sicherte dem Viertel einerseits eine gewisse Homogenität, andererseits architektonische Vielfalt.

Marlene-Dietrich-Platz mit Spielbank

Vom Potsdamer Platz aus betritt man das Viertel wie durch ein Stadttor: Zwei Hochhäuser von Piano / Kohlbecker und Hans Kollhoff (großes Foto) fassen die Alte Potsdamer Straße ein, die hier ihren Vorkriegsverlauf wieder aufnimmt. Rechter Hand folgen die Baublöcke von Lauber & Wöhr und José Rafael Moneo (Hotel Hyatt), links das Weinhaus Huth, der einzige erhaltene Altbau, und die Einkaufspassage, die von Bauten von Piano/Kohlbecker und Richard Rogers (zur Linkstraße hin) gesäumt wird. „Stadtteilzentrum" ist der Marlene-Dietrich-Platz, den der Doppelbau der Spielbank und des Theaters mit seinem großen Dach (Piano / Kohlbecker) beherrscht.

Von Piano und Kohlbecker stammt auch die Debis-Zentrale am Landwehrkanal. In der Mitte des 163 Meter langen Baublocks erstreckt sich das glasgedeckte Atrium, dessen Randbebauung in drei Stufen um jeweils ein Geschoss ansteigt und so allmählich zum Hochhaus, das den Kopfbau bildet, hinleitet. Diesem 85 Meter hohen gläsernen „Büroturm" ist auf der Süd- und der Westseite zur Energie-Einsparung eine zweite Fassade vorgehängt.

Durch die vertikale Aufgliederung in einzelne Bauteile, die in unterschiedlichen Höhen enden, erhält das Hochhaus eine Leichtigkeit und Höhenbetonung, die die Glasfassade und das ebenfalls glasummantelte äußere Treppenhaus noch betonen. Über dem gesamten Komplex thront der grüne Kubus des Debis-Signets.

Das Atrium ist öffentlich zugänglich. Die innere Blockstruktur ist durch Treppenhäuser und Balkonschächte immer wieder aufgelockert, die Wandflächen sind durch Lamellen belebt. Im Untergeschoss öffnen sich hohe Arkaden zu Anräumen, die für die Cafeteria und Geschäfte genutzt werden. Benachbart liegen die achtgeschossigen Bürobauten von Arata Isozaki und Steffen Lehmann, deren glatte Fassaden durch den Wechsel von

roten zu lilabraunen Keramikplatten und die trapezförmigen Fenster bestimmt werden.

Der Leipziger Platz, 1734 als Oktogon angelegt, wurde seit 1995 nach und nach wieder umbaut. Der Senat verpflichtete die Bauherren auf eine traditionelle Dreiteilung der mit hellem Naturstein zu verkleidenden Fassaden. Die vier Attikageschosse über der Traufhöhe von 22 Metern sind Wohnungen vorbehalten. Auf dem Areal des einstigen Kaufhauses Wertheim entstand 2009–14 die „Mall of Berlin".

Architektur
Zeitgenössische Architektur
Renzo Piano, Christoph Kohlbecker (Masterplan und Einzelbauten), Arata Isozaki / Steffen Lehmann, Hans Kollhoff, Lauber + Wöhr, José Rafael Moneo, Richard Rogers 1994–99
Adresse
Tiergarten, Reichpietschufer
Anfahrt
S / U Potsdamer Platz, Bus M29, M41

GSW-Hochhaus

Man baut wieder Hochhäuser in Berlin. Einer der markantesten Neubauten ist die weithin gerühmte Hauptverwaltung der Wohnungsbaugesellschaft GSW an der Kochstraße in Kreuzberg. Die Architekten, denen mit dem schillernden Photonikzentrum am Wissenschaftsstandort Adlershof, genannt die „Amöbe", zeitgleich ein weiteres Glanzstück der Berliner 1990er-Jahre-Architektur gelang, waren Matthias Sauerbruch und Louisa Hutton.

Dabei hätte die 22-stöckige, lange und sehr schmale Hochhausscheibe leicht plump ausfallen können. Geschickt erreichten die Architekten den gegenteiligen Effekt: Sie setzten die helle Stahl- und Glaskonstruktion auf zwei flache Sockelbauten, die mit ihrer schwarzen – wie Schiefer anmutenden – Fassadenverkleidung und den liegenden Fensterformaten einen starken Kontrast bilden. Sie krümmten die Scheibe wie auch die Sockelbauten leicht konkav. Und sie setzten dem Hochhaus in 85 Metern Höhe ein schon in den 1950er-Jahren beliebtes „Flugdach" auf, das wirkt, als würde es seine Schwingen ausbreiten und jeden Moment davonfliegen. Größter Clou aber ist die zweischalige Energiesparfassade, die die Oberfläche verschleiert und wie ein Gewebe changieren lässt – je mehr der Betrachter sich dem Haus nähert, desto stärker. Die in ganz unterschiedlichen blassen Rottönen schillernden Sonnenschutzlamellen vor den einzelnen Fenstern schaffen ein Fassadenmosaik, wie es zumindest in Berlin einzigartig ist.

In den ein Meter breiten Zwischenraum vor der Fassade strömt stetig Frischluft, die durch Erwärmung nach oben steigt und die verbrauchte Luft aus den Büros zieht – der Energiespareffekt beträgt rund 40 Prozent. Den aerodynamischen Unterdruck erzeugt dabei das große Windsegel auf dem Dach.

Auf der Rückseite des Hauses erwartet den Betrachter die nächste Überraschung: Die Hochhausscheibe verdeckt nämlich nach Westen ein 17-stöckiges Punkthochhaus, das mit seiner rechtwinkligen Rahmenkonstruktion seine Entstehungszeit in den Nachkriegsjahren verrät. Interessant ist, wie subtil die einzelnen Bauteile miteinander verzahnt sind: Auf der Rückseite der Hochhausscheibe liegt der Fahrstuhl- und Treppenturm, verkleidet mit den gleichen schwarzen Platten wie die Sockelbauten. Von ihm aus führt ein schmaler Glastrakt in den Altbau hinüber.

Wiederum ganz eigenen Charakter zeigt ein ovaler Baukörper mit umlaufenden Fensterbändern, der viergeschossig auf dem hinteren Teil des Flachbaus an der Kochstraße aufsitzt. Seine wellblechartige Wandverklei-

dung schillert in verschieden grellen Farbtönen. So ist ein Ensemble entstanden, das die städtebauliche Zerrissenheit der Umgebung widerspiegelt und seine ganz gegensätzlichen Bauteile doch zu einer gelungen Einheit verbindet.

Architektur
Neubau: Zeitgenössische Moderne
Matthias Sauerbruch, Louisa Hutton 1995–99
Altbau: Nachkriegsmoderne Paul Schwebes, Hans Schoszberger 1960 / 61
Adresse
Kreuzberg, Kochstraße
Anfahrt
U Kochstraße, Bus M29

Sony Center

Ähnlich wie in der Nachkriegszeit Hans Scharoun und Ludwig Mies van der Rohe stehen heute Frank O. Gehry und Helmut Jahn für zwei ganz unterschiedliche Architekturauffassungen. Zu einer direkten Konfrontation wie am Kulturforum – Mies' „Haus an sich" gegen die „organischen" Unikate Hans Scharouns – kommt es allerdings in Berlin nicht.

Helmut Jahn, gebürtiger Nürnberger und seit den 1960er-Jahren in Chicago ansässig, gilt als Exponent genau jener kommerziellen Architektur, gegen die Frank Gehrys „Dekonstruktivismus" opponiert: gläserne Hochhaus-Riesen, rentabilitätsoptimierte Bürokästen, überdimensionale Einkaufszentren. Doch Jahn wäre nicht so gefragt, wenn er nur ein guter Ingenieur wäre. Seine Gebäude heben sich wohltuend aus der Masse der „Gebrauchsarchitektur" heraus, sofern man seinen Stil grundsätzlich mag. Beispiele sind Berlins schmalstes Bürohaus an der Ecke Kurfürstendamm / Lewishamstraße und der elegante Frankfurter Messeturm, seinerzeit Europas höchstes Gebäude.

Bahntower und Beisheim-Center

Jahns wichtigstes Berliner Projekt ist das Sony Center am Potsdamer Platz, ein stahl- und glasdominiertes Ensemble aus sieben Einzelbauten. Hier finden sich Büros, Wohnungen, Kinos und Gastronomie, ein „Filmhaus" und die Sony-Europazentrale. Den Mittelpunkt des dreieckigen Areals bildet das ovale „Forum", das sich als Teil des öffentlichen Stadtraumes versteht und daher nicht von den umliegenden Straßen separiert ist. Eine spektakuläre Ingenieursleistung ist die Dachkonstruktion: Das aufgefächerte Zeltdach aus Stoffbahnen ist mit Zugankern an dem Stahlring befestigt, der auf den umliegenden Gebäuden aufliegt.

Markantester Bauteil ist das „Bahntower" genannte gläserne Hochhaus, mit 103 Metern höchstes Haus am Platz. Es rundet das Sony Center zum Potsdamer Platz hin ab, indem sich die halbkreisförmige Südfassade nach oben hin vor die östliche Schmalseite schiebt.

Beachtenswert ist auch die Ansicht zur Bellevuestraße. Aufgehängt an einer stählernen Brücke, überspannt hier der moderne Wohntrakt die restaurierte neobarocke Fassade des einstigen Nobelhotels Esplanade. Da sich dieser einzige teilerhaltene Vorkriegsbau auf weiter Flur nicht komplett in die Neuplanungen integrieren ließ, wurden zwei denkmal-

geschützte Säle „verlegt". Der 1300 Tonnen schwere „Kaisersaal" wurde 1996 in einer spektakulären Aktion auf Luftkissen gehoben und um 75 Meter verschoben. Vom Frühstückssaal blieben zwei Wände an ihrem angestammten Platz, während Decke, Fußboden und die beiden anderen Wände auseinandergeschnitten und auf der anderen Seite des Esplanade wieder zusammengesetzt wurden.

Ein dritter „Stadtteil" entstand 2001–03 zwischen Potsdamer Platz und Tiergarten. Ein Teil des Areals heißt nach dem Bauherren Otto Beisheim, dem Gründer der Handelskette Metro, „Beisheim-Center". Dominanten am Platz sind die beiden Hochhäuser von Hans Kollhoff (Delbrück-Bank) und Hilmer, Sattler & Albrecht (Hotel Ritz-Carlton)

Architektur
Zeitgenössische Moderne
Helmut Jahn 1996–99
Adresse
Tiergarten, Potsdamer Platz
www.sonycenter.de
Anfahrt
S / U Potsdamer Platz

ARD-Hauptstadtstudio und Presse- und Informationsamt der Bundesregierung

Berlin ist aus dem Kahn gebaut, heißt ein altes Wort. Doch die Spree spielt heute keine große Rolle mehr im Stadtgefüge, weder als bevorzugte Wohnlage noch als Flaniermeile. Zwei Neubauten zeigen nun in enger Nachbarschaft, wie unterschiedlich man eine städtebaulich herausgehobene Uferlage besetzen kann.

Das ARD-Studio ist im Grunde eine Blockergänzung. Der Kopfbau an der Wilhelmstraße korrespondiert mit dem benachbarten Altbau, an der Spree vermittelt ein niedrigerer Wohnungstrakt zum Nachbarhaus.

Hauptstadtstudio der ARD-Rundfunkanstalten

Die Fassade besteht aus zwei Schichten: Die äußere Wand bilden veredelte Betonfertigteile, in schmalen Nischen neben den Fenstern wird die zweite Wandschale aus Merantiholz sichtbar.

Die unterschiedliche Fenstergestaltung, die die Wucht des Baublocks beträchtlich abschwächt, erklärt sich aus der Funktionsabgrenzung zwischen den einzelnen Geschossen.

Das große Westfenster belichtet nicht nur das viergeschossige Eingangsfoyer, sondern wirkt dank der eingehängten ARD-„1" auch als Aushängeschild des Senders. Das Eckfenster des vierten Stocks, das beide Schauseiten geschickt verbindet, gibt den fernsehgerechten Blick aus dem großen Studio auf die Reichstagskuppel frei.

Kernstück der Anlage ist ein trapezförmig ausschwingendes Atrium, auf das alle Büroräume münden. Die glasüberdachte Halle wird so zum zentralen Begegnungs- und Kommunikationsort der Redakteure, gleichsam zur „Nachrichtenbörse der Hauptstadt".

Komplizierter war die Lage beim Bundespresseamt (großes Foto), in dessen Komplex gleich drei Altbauten einbezogen wurden: das um mehrere Innenhöfe gruppierte einstige Reichspostscheckamt, eine erst 1990 fertiggestellte „Edelplatte" an der Dorotheenstraße sowie – im Kern des Grundstücks – der Flachbau einer 1970er-Jahre-Gaststätte, deren Bauvolumen die Richtschnur für den Neubau lieferte.

Das Verbindungsglied zwischen den drei Trakten bildet ein schmaler Büroflügel, der vor die Brandmauer des Postscheckamtes gesetzt wurde und über den Korridor im Altbau erschlossen wird. Die vorgehängte Lamellenfassade mit ihrer spiegelnden Oberfläche schließt allerdings den

rückwärtigen Altbau aus dem eigentlichen Bauensemble aus. Der einstige siebengeschossige Plattenbau wurde verputzt und in einem warmen Orangerot gestrichen, sein Satteldach durch ein Stockdach ersetzt. Zentraler Bau des Ensembles ist das flache Pressezentrum, dessen großer Saal in bis zu sechs kleinere Einheiten unterteilt werden kann.

Flussabwärts liegt an Santiago Calatravas eleganter Kronprinzenbrücke der Neubau der Bundespressekonferenz von Johanne und Gernot Nalbach, dessen kleinteilig gerasterte Fassade vor allem bei nächtlicher Beleuchtung eine interessante Wirkung entfaltet.

Architektur
Zeitgenössische Moderne
ARD-Hauptstadtstudio: Laurids und Manfred Ortner mit Hans-Peter Wulf 1996–99; Presse- und Informationsamt der Bundesregierung: KSP – Engel, Kraemer, Schiedecke und Zimmermann 1996–98 / 2000
Adresse
Mitte, Reichstagufer / Ecke Wilhelmstraße bzw. Ecke Neustädtische Kirchstraße
Anfahrt
S / U Brandenburger Tor, S / U Friedrichstraße, Bus 100

Nordische Botschaften

Die nordischen Länder sind nicht nur für gelungenes Design und progressive Architektur bekannt, sondern auch immer für Innovationen gut. Als in den 1990er-Jahren der Umzug des diplomatischen Corps aus Bonn nach Berlin anstand, entschlossen sich Dänemark, Schweden, Norwegen, Finnland und Island, ihre Botschaften in einem gemeinsamen Komplex unterzubringen, der die enge Verbundenheit innerhalb Nordeuropas demonstrieren, aber auch die kulturellen Identitäten der einzelnen Länder darstellen sollte.

Aus 222 Wettbewerbsbeiträgen entschied man sich für den Gesamtplan von Alfred Berger und Tiina Parkkinen. Das österreichisch-finnische Architektenduo entwarf auch das Gemeinschaftshaus mit den Konsularabteilungen und den Veranstaltungsräumen, während die fünf Botschaftsgebäude von Architekten(-teams) aus den jeweiligen Ländern geplant wurden.

Das Gemeinschaftshaus der fünf Botschaften

Das Ensemble wird eingefasst und gegen den Straßenlärm abgeschirmt von einem gebäudehohen geschwungenen Kupferband, dessen horizontale Lamellen an vielen Stellen gekippt werden können. Nach Süden hin öffnet sich die Anlage zur ruhigen Rauchstraße. Um einen Hof, dessen Fluchtlinien durch Steinstreifen markiert sind, gruppieren sich die sechs einzelnstehenden Gebäude. Das Gemeinschaftshaus soll mit seiner Fassade aus Holz und schmalen Glasstreifen sowie dem haushohen verglasten Atrium / Treppenhaus Transparenz und Offenheit symbolisieren.

Gegen den Uhrzeigersinn schließt sich zunächst die finnische Botschaft an, deren verglaster Fassade Jalousien aus Holz vorgeblendet sind. Die beiden Hoffassaden der schwedischen Botschaft werden von weißem Kalkstein bzw. schwarzem Granit bestimmt. Der Bau ist um einen hohen zentralen Raum organisiert, der sich in einem großen Fenster und durch die immer aufgeklappten Kupferlamellen zur Kreuzung Klingelhöfer- / Stülerstraße hin öffnet.

Auffälligster Bauteil der norwegischen Botschaft ist ein 14 Meter hoher Granitblock, der die Stirnseite zum Hof hin markiert und die „Vertikalität" der norwegischen Landschaft symbolisieren soll. Hinter ihm liegt der Eingang in die Botschaft, deren gläserne Außenwände von der kühlen Klarheit norwegischer Gletscher inspiriert sind.

Der kleinste Bau, die isländische Botschaft, besteht aus einem mit rötlichem Naturstein verkleideten Bürotrakt und einem separaten Treppenhaus mit Nebenräumen.

Die dänische Botschaft schließlich besteht aus zwei Teilen: Der eine folgt der sanften Kurve des Kupferbandes, der andere nimmt die geradegeschnittenen Fluchtlinien des Innenhofes auf. Zwischen dem „weichen" holzverkleideten Teil und dem scharfgeschnittenen Stahl- und Glastrakt vermittelt ein schmales verglastes Atrium, das man von der Rauchstraße aus einsehen kann.

Architektur
Zeitgenössische Moderne
Gesamtplan und Gemeinschaftshaus: Alfred Berger, Tiina Parkkinen; Finnland: Viiva Arkkitehtuuri; Schweden: Wingardh Arkitektkontor; Norwegen: Snöhetta; Island: Palmar Kristmundsson; Dänemark: 3XNielsen 1997–99
Adresse
Tiergarten, Rauchstraße 1
Anfahrt
Bus 100, 200

Neues Kranzler-Eck

60 Meter hoch ragt die gläserne Wand hinter dem altehrwürdigen Kranzler-Eck auf, messerscharf schiebt sich ihre Spitze bis fast an den Kurfürstendamm. Ohne Zweifel hat Stararchitekt Helmut Jahn der City-West eine neue Sehenswürdigkeit beschert und das Einkaufsviertel, das nach der Wiedervereinigung gegenüber der neuen alten Mitte ins Hintertreffen zu geraten drohte, zumindest architektonisch effektvoll aufgepeppt.

Hinter dem Bauensemble aus den 1950er-Jahren, zu dem neben dem Kranzler-Eck mit seiner charakteristischen Rotunde auch das rautengeschmückte ehemalige Bilka-Kaufhaus, jetzt Karstadt Sport, gehört, durchquert der 16-geschossige Hochhausriegel das gesamte Grundstück bis hin zum Stadtbahn-Viadukt. Westlich führt zwischen dem Hochhaus, dem Viktoria-Gebäude von 1963 und einem weiteren neungeschossigen Neubau eine Passage vom Kudamm bis zur Kantstraße. Auf der anderen Seite bildet das Neue mit dem alten Kranzler-Eck einen intimen Innenhof, durch den tagsüber das Lärmen von Sittichen, Fasanen und Enten aus zwei großen Volieren dringt. Zwischen Passage und Innenhof vermittelt ein eindrucksvoller, sieben Geschosse hoher Durchgang.

Das ursprüngliche Café Kranzler (1960)

Überhaupt schindet das Bauensemble mächtig Eindruck. Die Struktur des gläsernen Riesen ist durch vorgesetzte Glaswände und Nebentrakte effektvoll verunklart. An die 16-geschossige Scheibe, die in einer leeren Spitze auf den Kudamm zuläuft, sind zu beiden Seiten halbhohe Baukörper angelagert, von denen einer über das Bilka-Kaufhaus ragt. Die Dachbekrönung des Nebengebäudes erinnert an die gezackten Dachkronen expressionistischer 1920er-Jahre-Bauten und ist ebenso wenig motiviert wie das gläserne Vordach, das nur einen Teil der Passage vor Wind und Wetter schützt. Viel schlimmer aber ist das Déjà-vu-Erlebnis, das das Neue Kranzler-Eck dem Berliner beschert. Allzu sehr wirkt der Kudamm-Bau wie ein zweiter Aufguss des Sony Centers. Man muss schon genau hingucken, um die Unterschiede der Fassadengestaltung zu entdecken.

Dabei kann Jahn auch anders, wie ein lohnender Abstecher den Kudamm hinab zum Adenauerplatz beweist. Hier entstand 1992–94 Berlins schmalstes Bürohaus – auf einem Eckgrundstück von ganzen 2,50 Meter Breite.

Vis-à-vis vom Neuen Kranzler-Eck grüßt wuchtig und grau das Neue Kudamm-Eck. Der in der Großform durchaus interessante geschwungene Baukörper, der das 1998 abgerissene Kudamm-Eck aus den 1970er-Jahren ersetzt, ist das Werk des allgegenwärtigen Hamburger Büros gmp von Gerkan, Marg & Partner. Ein weiteres Hochhaus gesellte sich 2005 hinzu: das von Jan Kleihues, dem Sohn des IBA-Leiters Josef Paul Kleihues, entworfene Hotel Concorde.

Architektur
Zeitgenössische Moderne
Helmut Jahn 1998–2000
Adresse
Charlottenburg, Kurfürstendamm / Joachimstaler Straße
Anfahrt
U Kurfürstendamm, Bus M19, M29

Landesvertretungen in den Ministergärten

Die Landesvertretungen, mit und in denen sich die deutschen Bundesländer in Berlin darstellen, stehen den meisten Botschaften der selbstständigen Staaten in nichts nach. Bayern, Hamburg, Sachsen und Sachsen-Anhalt residieren in repräsentativen Altbauten; die übrigen Bundesländer haben sich teils aufwendige Neubauten errichten lassen. Fünf Bauten für sieben Bundesländer sind auf dem Gebiet der ehemaligen Ministergärten nördlich vom Potsdamer Platz entstanden. Früher erstreckte sich hier der ausgedehnte Garten des Auswärtigen Amtes, nach dem Zweiten Weltkrieg lag das Gelände brach und für lange Jahre im Sperrgebiet der Berliner Mauer.

Die Vertretung von Rheinland-Pfalz

Die zwischen 1998 und 2001 errichteten Gebäude orientieren sich an der klassischen Moderne. Nur die hessische Landesvertretung fällt – nicht unangenehm – aus dem Rahmen der noblen Zurückhaltung, die die anderen Landesvertretungen ausstrahlen. Interessant ist vor allem ein Vergleich der Fassadenstrukturen.

Die Landesvertretungen von Niedersachsen und Schleswig-Holstein sind auf der nördlichen Straßenseite zu einem Block zusammengefasst. Zwischen den zwei parallelliegenden rechteckigen Baublöcken spannt sich ein breites gläsernes Atrium mit außenliegender Stahlkonstruktion. Belebt werden die mit grauem Kalkstein verkleideten Fassaden durch die unregelmäßig platzierten Fenster und die roten Metallprofile, die die Geschossdecken markieren. Zwischen den Fenstern stehen die Fassadenplatten in unterschiedlichen Breiten und Längen, zwischen den Metallprofilen liegt jeweils eine Plattenreihe.

Die rheinland-pfälzische Vertretung stellt sich zur Straße hin als einfacher Kubus dar, aus dem der Eingangs- und der Dachbereich ausgespart sind. Charakteristisch sind die liegenden Fensterformate, und auch die hellen Natursteinplatten liegen in unterschiedlichen Breiten.

Ganz ebenmäßig ist die saarländische Vertretung aufgebaut. Der schlichte Kubus ist im rückwärtigen Teil in ein offenes Raster aufgelöst. Hier wird die Außenwand durch Quadrate bzw. Rechtecke dominiert – in den großen Glasflächen der mittleren drei Achsen wie auch in den kleineren Fenstern. Die Fassadensteine sind ganz ebenmäßig gewählt und versetzt.

Zwei J-förmige Baublöcke, die durch ein gläsernes Atrium verbunden sind, bilden die Gemeinschaftsvertretung von Brandenburg und Mecklenburg-Vorpommern. Zwischen den dreiteiligen Fenstergruppen sind die schwarzen Schieferplatten stehend, in Höhe der Geschossdecken liegend aufgebracht.

Die hessische Vertretung schließlich ist ein vielgestaltiger Baukörper mit vorkragenden Geschossen (großes Foto). Der kalksandsteinverkleidete Bau öffnet sich nach drei Seiten in durchlaufenden Fensterbändern, nur die Ostseite zeigt schmale stehende Fensterformate.

Architektur
Zeitgenössische Moderne
Niedersachsen / Schleswig-Holstein: Cornelsen & Seelinger, Seelinger & Vogels; Rheinland-Pfalz: Heinle, Wischer und Partner; Saarland: Peter Alt & Thomas Britz; Brandenburg / Mecklenburg-Vorpommern: gmp von Gerkan, Marg & Partner; Hessen: Michael Christl, Joachim Bruchhäuser; 1998–2001
Adresse
Mitte, In den Ministergärten
Anfahrt
S / U Potsdamer Platz, Bus 123, 148, 200

Bundeskanzleramt, Paul-Löbe-Haus und Marie-Elisabeth-Lüders-Haus

Wie eine Spange legt sich nördlich vom Reichstag das sogenannte Band des Bundes über den Spreebogen. Es umfasst – von Westen nach Osten – den „Kanzlerpark" auf der rechten Spreeseite, das Kanzleramt (großes Foto), das Paul-Löbe-Haus mit Büros für die Parlamentarier sowie – wieder am rechten Flussufer – das Marie-Elisabeth-Lüders-Haus, in dem u. a. die Parlamentsbibliothek untergebracht ist.

Der Masterplan der Berliner Architekten Axel Schultes und Charlotte Frank gliederte den Spreebogen, dessen Bebauung, das Alsenviertel, im Krieg bis auf die Schweizer Botschaft untergegangen war, radikal neu. Mit dem Band des Bundes hat der Tiergarten wieder eine akzentuierte nördliche Rahmung erhalten. Symbolträchtig auch, dass das Kanzleramt nicht in eine architektonischen Konkurrenz zum Parlamentssitz tritt, sondern sich in das Band der Bundesbauten eingliedert.

Den Sparauflagen zum Opfer fiel ausgerechnet der einzige Teil, der für die Öffentlichkeit gedacht war: das im Bebauungsplan nicht näher definierte „Forum" zwischen Kanzleramt und Paul-Löbe-Haus. So ist das „Band" nun in seiner Mitte aufgebrochen; das Kanzleramt, ebenfalls von Schultes und Frank entworfen, steht wie eine große Betonskulptur einsam in der Landschaft – wie es nie geplant war.

Zwischen und über den zwei fünfgeschossigen Verwaltungstrakten erhebt sich das 36 Meter hohe „Leitungsgebäude", in dem die Büros des Kanzlers und seiner Staatsminister, der Kabinettsaal und Konferenzräume untergebracht sind.

Nach Norden und Süden hin ist jeweils ein großer Bogen in die kahle Wand geschnitten, nach Osten (zum Haupteingang) und Westen hin sind

Paul-Löbe-Haus mit Spiegelung des Kanzleramtes

die Außenmauern aufgelöst zu großen Glasflächen, die sich zwischen hohen Betonstelen spannen. Der große Bau erhält dadurch eine erstaunliche Transparenz und Leichtigkeit. Ganz anders wirken die beiden Seitentrakte, deren Grundrisse einem Kamm ähneln. Die Büroräume gruppieren sich um Lichthöfe, die vollständig verglast sind. So erscheinen die langen Seitenwände mit ihrem Wechsel von fensterlosen Betonmauern und großen Glasflächen kompakt und trutzig.

Das Paul-Löbe-Haus, von Stephan Braunfels entworfen, wirkt monumental und doch filigraner. Die Verbindung zum Kanzleramt und zum Marie-Elisabeth-Lüders-Haus schaffen weit auskragende Vordächer, die auf schlanken Betonsäulen stehen. Beiderseits eines Atriums, das den Bau in seiner gesamten Länge durchmisst, sind auch hier die Büros kammförmig angeordnet – allerdings in größerer Tiefe. Die Lichthöfe bleiben offen und sind durch eine durchlaufende Dachstruktur in den Gesamtbau einbezogen. Die Sitzungssäle sind in runden gläsernen Trakten untergebracht.

Architektur
Zeitgenössische Moderne
Gesamtplanung und Bundeskanzleramt: Axel Schultes mit Charlotte Frank 1997–2001; Paul-Löbe-Haus und Marie-Elisabeth-Lüders-Haus: Stephan Braunfels 1997–2002, Erweiterung seit 2012 im Bau
Adresse
Tiergarten
Anfahrt
U Bundestag, Bus 100

Pei-Bau – Schauhaus des Deutschen Historischen Museums Berlin

I. M. Pei ist eigentlich ein Mann für die ganz großen Projekte. Geboren 1917 im chinesischen Kanton, kam er 1935 zum Studium nach Amerika und blieb dort bis heute. Er studierte bei Walter Gropius in Harvard, wurde Chefarchitekt des größten Immobilienmoguls der USA, führte über Jahrzehnte eines der größten Architekturbüros der Welt und verantwortete seit den 1960er-Jahren einige spektakuläre Bauprojekte: die John F. Kennedy-Bibliothek in Boston, das Ostgebäude der National Gallery of Art gegenüber dem Capitol in Washington, den Bank of China Tower in Hongkong. Den Olymp seiner Zunft aber erklomm er mit dem Umbau des Pariser Louvre in den 1980er-Jahren, der in der Installation einer gläsernen Pyramide im Ehrenhof des ehrwürdigen Königspalasts gipfelte.

Foyer des Ausstellungsbaus von Pei

Sein Leben lang blieb Pei der Moderne verbunden, auch als die meisten seiner amerikanischen Kollegen ihr Heil in der Postmoderne suchten. Aus seinem riesigem Œuvre ragen die Museumsbauten heraus, die nach seinen Worten um ihr Publikum werben, es in die Ausstellungen locken, ihm nicht-alltägliche Erlebnisse versprechen sollen. Diesen Anspruch einzulösen ist ihm in Berlin – mit seinem einzigen Bau in Deutschland – gelungen.

Peis Aufgabe bestand darin, auf dem undankbaren Restgrundstück hinter dem barocken Zeughaus einen Bau für wechselnde Ausstellungen zu schaffen, der die Altbauten ringsum nicht übertrumpft, sich aber doch eigenständig behauptet. Grundform des dreigeschossigen Baus ist ein Dreieck, dessen südwestlicher, zum Zeughaus gerichteter Seite eine leicht ausschwingende Wand vorgesetzt ist. Pei konzentrierte die Ausstellungsräume in einem natursteinverkleideten Kernbau, der nach außen hin blockhaft und verschlossen wirkt und in südwestlicher und östlicher Richtung von einem mit dunklem Stahl gefassten Glastrakt umfangen wird. Eine leider etwas plump geratene Spindel dient als Blickfang von den Linden her.

Das Foyer beschränkt sich nicht nur auf den Glastrakt, sondern greift in den massiven Baukörper und einen zweiten, kleineren Bauteil auf der Ostseite aus. Durch Pfeiler und Stützen, Zwischendecken, Galerien und ein großes Rundfenster sind alle Teile so geschickt verschränkt, dass ein

komplexer, vielgestaltiger Raum entsteht. Man kann ihn auf verschiedenen Wegen durchwandern. Die Licht-und-Schatten-Wirkungen und ständig neuen Perspektiven ziehen den neugierigen Besucher dabei immer weiter und locken ihn gleichzeitig in die Ausstellungsräume auf den verschiedenen Ebenen. Beeindruckend ist auch die Sorgfalt im Detail.

Hinter dem Pei-Bau lohnen zwei weitere Kultur-Neubauten einen Besuch: das Centrum Hungaricum, 2006 / 07 gebaut nach Plänen des Hamburger Stararchitekten Peter Schweger, und die Galerie Bastian (Am Kupfergraben 10) mit ihren unverputzten, geschlämmten Backsteinwänden (David Chipperfield 2003–07).

Architektur
Zeitgenössische Moderne
I. M. Pei 1998–2003
Adresse
Mitte, Hinter dem Gießhaus 3
www.dhm.de
Öffnungszeiten
tägl. 10–18 Uhr, Tel. 030 / 20 30 44 44
Anfahrt
S / U Friedrichstraße, Bus 100

Akademie der Künste und Hotel Adlon

Seite an Seite stehen am Pariser Platz die beiden Gebäude, die die größten Architekturdebatten der vergangenen Jahre auslösten: hier das Hotel Adlon, dessen konservative Gestalt als Menetekel für einen neuen Traditionalismus erschien, dort die Glasfassade der Akademie der Künste (großes Foto), die den Gestaltungsvorschriften für die Platzbebauung diametral entgegenstand und nur dank einer Sondergenehmigung des Bausenators überhaupt verwirklicht werden konnte.

Beide Bauten zeigen exemplarisch den möglichen Umgang mit der Geschichte: In den 1950er-Jahren wurden alle Kriegsruinen am Pariser Platz abgetragen, bis auf eine – den Atelier- und Ausstellungsflügel der Preußischen Akademie der Künste, errichtet 1905/06 nach Plänen Ernst von Ihnes. In diesen Oberlichtsälen hatte seit 1937 Generalbauinspektor Albert Speer an seinen Modellen zur „Welthauptstadt Germania" gearbeitet, hier durften nun ausgewählte Künstler und Mitglieder der DDR-Akademie ihre Ateliers einrichten.

Das Hotel Adlon als historistischer Neubau

Nach dem Entwurf des Büros Günter Behnisch blieben die historischen Säle im Zentrum des Grundstücks erhalten: Der erste, nun Max-Liebermann-Saal genannt, wurde in seinem ruinösen Zustand konserviert, die vier anderen Säle, die axial hintereinanderliegen, wurden in den Originalzustand zurückversetzt. Behnisch, Architekt u.a. des Münchner Olympiastadions und des gläsernen Bundestags in Bonn, und seine Partner umgaben den Altbau mit einem luftigen Neubau aus Glas und Stahl, Sichtbeton und Holz, der viel Raum zum Flanieren bietet. Die Büros sind in einem schmalen Bürotrakt längs der Brandmauer zum Nachbarbau konzentriert; der fünfgeschossige Kopfbau zum Pariser Platz beherbergt neben den Räumen des Akademiepräsidenten und seiner engen Mitarbeiter den Plenarsaal, die Bibliothek, Foyers und im obersten Stockwerk einen Clubraum mit vorgelagerter Freiterrasse. Ein Durchgang führt an den Ausstellungssälen vorbei zur Behrenstraße.

Lobby und Bar des Luxushotels

Wirkt die in ihrer Geschossstruktur verunklarte

Glasfassade unspektakulär, so überrascht der Bau im Innern durch schiefe Ebenen und schräge Fensterflächen, die sich gegeneinander schieben, einander stützen und sich verschränken, durch Brücken und Galerien, die quer durch das hohe Foyer führen, durch das Spiel zwischen weiten Durchblicken und intimen Ruheinseln.

Der Neubau des Hotels Adlon dagegen beschwört die Geschichte durch eine Architektur, die auf den ersten Blick alt wirkt. Mit seiner Verkleidung aus unterschiedlich hellem Sandstein, den vereinfachten historistischen Dekorformen und dem kupfergedeckten Schrägdach orientiert sich der Neubau des Berliner Büros Patzschke und Klotz am historischen Vorbild von 1907, das allerdings nur halb so breit war (die Ecke zur Wilhelmstraße besetzte ein Nachbarbau) und bei gleicher Gebäudehöhe ein Stockwerk weniger aufwies.

Architektur
Zeitgenössische Moderne (Akademie) bzw. Neohistorismus (Hotel Adlon)
Akademie der Künste: Günter Behnisch mit Werner Durth 1999–2005
Hotel Adlon: Rüdiger Patzschke, Rainer-Michael Klotz 1995–97
Adresse
Mitte, Pariser Platz 4
www.adk.de
Öffnungszeiten
Di–So 11–19 Uhr, Tel. 030 / 200 57 10 00
Anfahrt
S / U Brandenburger Tor, Bus 100

Hauptbahnhof

Die einen fanden es provinziell, die anderen feierten es als wegweisende Großtat: Während es in Metropolen wie Paris und London noch immer mehrere Kopfbahnhöfe gibt, in denen Linien aus den verschiedenen Himmelsrichtungen enden, hat Berlin seit Mai 2006 nur noch einen zentralen „Hauptbahnhof". Auch in Berlin waren zwischen 1838 und 1875 acht Kopfbahnhöfe entstanden, doch führte seit 1882 bereits die „Stadtbahn" in Ost-West-Richtung durch die Innenstadt. Nach der Wiedervereinigung wurde 1992 das sogenannte „Pilzkonzept" beschlossen, das in modifizierter Form bis 2006 verwirklicht wurde: Der Großteil des Verkehrs wird durch einen neuerbauten 3,5 Kilometer langen Nord-Süd-Tunnel geführt und im Norden nach Ost und West auf die Ringbahn weitergeleitet – Stiel und Dach des „Pilzes". Die Stadtbahn bildet die „Pilzkrempe", und wo Tunnel und Stadtbahn sich kreuzen, entstand der neue Hauptbahnhof nach Plänen der Wettbewerbsgewinner gmp von Gerkan, Marg & Partner.

Überdachte S-Bahn-Steige

In 15 Meter Tiefe befinden sich die vier Bahnsteige der Nord-Süd-Bahn, 10 Meter über dem Straßenniveau die sechs Gleise der Ost-West-Verbindung – auf vier Brückenbauwerken, die auch den benachbarten Humboldthafen überspannen und insgesamt 680 Meter lang sind. Überfangen werden die oberen Bahnsteige von einer korbbogenförmig gewölbten, bis zu 17 Meter hohen und 68 Meter breiten Stahl- und Glaskonstruktion, die ursprünglich 430 Meter lang werden sollte, auf Geheiß der Deutschen Bahn AG jedoch auf 321 Meter gekürzt wurde. Die nicht verbauten Dachelemente sind bis heute eingelagert, von einer Verlängerung des Dachs spricht aber kaum noch jemand.

Bahnhofshalle mit drei Ebenen

Quer dazu, die Ausrichtung des Tunnels markierend, liegt das 210 Meter lange und 42 Meter breite Nord-Süd-Dach, unter dem sich die eigentliche Bahnhofshalle mit drei offenen Verbindungs- und Geschäftsebenen befindet. Dieses Dach wird getragen von den beiden „Bügelbauten" mit Büroflächen, die das Ost-West-Dach überspannen. Spektakulär war die Bauweise

der beiden Brücken. Sie wurden zunächst in vier Hälften auf den vier Eckbauten in die Höhe gebaut, dann wie Zugbrücken, jeweils 1250 Tonnen schwer, mit sechs Metern pro Stunde abgesenkt und miteinander verbunden – über eine Lücke von nur zwei Zentimetern.

Dass die äußere Gestalt des Bahnhofs nicht nur aus der Konstruktion entwickelt ist, zeigte sich während eines Orkans 2007, als eine 1,35 Tonnen schwere Horizontalstrebe von einem der Turmbauten herabfiel. Nur die senkrechten Stützen sind statisch notwendig, die waagerechten Verbindungsglieder sind Zierrat – sie sind nur aufgelegt und mittlerweile zusätzlich gesichert.

Die Entscheidung der Deutschen Bahn AG, statt luftiger Gewölbe über der unteren Bahnebene eine belanglose Flachdecke einzubauen, führte zu einem Gerichtsstreit, den in erster Instanz der Architekt Meinhard von Gerkan gewann; 2008 einigte man sich auf einen Vergleich: Die Decke bleibt, die Bahn bedenkt die gmp-Stiftung für junge Architekten mit einer Gabe, über deren Höhe geschwiegen wird.

Architektur
Zeitgenössische Moderne
Meinhard von Gerkan, Jürgen Hillmer für gmp von Gerkan, Marg & Partner
1996–2006
Adresse
Tiergarten (Moabit), Europaplatz
Anfahrt
S Hauptbahnhof

Mexikanische Botschaft / Diplomatenviertel

Vor dem Leipziger Tor entstand im frühen 19. Jh. ein Wohnviertel für all jene, die es sich leisten konnten und wollten, das Getriebe der Großstadt einzutauschen gegen eine Villa oder zumindest eine Wohnung in einem repräsentativen Stadtpalais mit Garten und Vorgarten. Auch als es die Kaufleute, Bankiers und hohen Beamten in der zweiten Hälfte des 19. Jh. weiter westwärts in die neuangelegten Villenvororte zog, blieb das Gebiet am Südrand des Tiergartens eine ruhige Oase zwischen der alten Innenstadt und dem aufstrebenden „Neuen Westen". Die Nähe zum Regierungsviertel um die Wilhelmstraße machte das Gebiet bald zu einem beliebten Standort für ausländische Gesandte. 1938 drängten sich 37, fast drei Viertel aller in Berlin angesiedelten Botschaften und Gesandtschaften in dem schmalen Streifen zwischen Tiergarten und Landwehrkanal, der im Volksmund nur noch „Diplomatenviertel" hieß. 1938 begann nach Planungen Albert Speers der Neubau einiger Botschaften für befreundete oder besetzte Staaten wie Italien, Japan, Spanien und Norwegen. Sie haben den Krieg ebenso überstanden wie das einstige Gästehaus des Krupp-Konzerns, heute Canisius-Kolleg (Tiergartenstraße). Der allergrößte Teil der älteren Bebauung dagegen ging im Bombenkrieg unter. Jahrzehntelang eine von Brachen und letzten Ruinen geprägte „Stadtlandschaft", wird das Viertel seit den 1990er-Jahren nach und nach wiederbebaut. Bereits zur IBA 1987 war an der Rauchstraße ein beachtenswertes Stadtvillen-Projekt entstanden (Leitung: Rob Krier, unterschiedliche Architekten 1983/84), und zwischen Rauch- und Corneliusstraße finden sich die beiden einzigen Ökohäuser Berlins (Koordination: Frei Otto und Hermann Kendel 1988–90).

Adenauer-Haus, CDU-Bundesgeschäftsstelle

Österreichische Botschaft

An der Klingelhöferstraße stehen direkt nebeneinander das auffälligste Bauensemble des wiedererstandenen Diplomatenviertels – die Nordischen Botschaften (s. S. 200f.) –, und der Bau mit der ungewöhnlichsten Fassade – die Mexika-

nische Botschaft (großes Foto). Die mexikanischen Architekten Teodoro Gonzalez de Leon und Francisco Serrano hängten an einen Betonrahmen einen „Vorhang" aus 18 Meter hohen Betonlamellen, der schräg zur Seite gerafft ist. Eine zweite Lamellenreihe ist schräg nach hinten gestellt, und zwischen beiden öffnet sich der Eingang in die zentrale Rotunde, deren Form nach außen durch den zylindrischen Dachaufbau deutlich wird – ein Motiv, das an Le Corbusier erinnert. Ihre strahlend weiße Farbe erhielt die Betonfassade durch die Beimischung von Marmorstücken und gemahlenem Marmor.

Beachtenswert sind weiterhin u.a. die CDU-Bundeszentrale (Petzinka Pink) und die Akademie der Konrad-Adenauer-Stiftung (Thomas van den Valentyn), die Botschaften Österreichs (Hans Hollein 1999/2000) und Indiens (Léon Wohlhage Wernik 1999–2001) sowie die Landesvertretungen von Nordrhein-Westfalen (Petzinka Pink) und Bremen (Léon Wohlhage Wernik). Seit 2009 sind längs der Clara-Wieck-Straße der „Diplomatenpark" mit zwölf „Stadtvillen", klassizistisch geprägten Mehrfamilienhäusern mit Luxuswohnungen, entstanden.

Architektur
Zeitgenössische Moderne
Mexikanische Botschaft: Teodoro Gonzalez de Leon und Francisco Serrano 1999–2001
Adresse
Tiergarten, Klingelhöferstraße 3
Anfahrt
Bus 200

Mediaspree

„Mediaspree" heißt das Projekt, mit dem das Land Berlin die Flussufer südöstlich der alten Innenstadt wiederbeleben will. Die Spreeufer auf dem knapp vier Kilometer langen Stück zwischen Jannowitz- und Elsenbrücke wurden seit je vorwiegend gewerblich genutzt. Nach dem Zweiten Weltkrieg bildete die Spree auf einem Teilstück die Grenze zwischen beiden Stadthälften. In den 1990er-Jahren geriet das Areal in den Fokus der Stadtplaner, 2002 wurde ein Flächennutzungsplan verabschiedet, der den Rahmen für die nicht zentral, sondern von einzelnen Bauherren vorangetriebenen Projekte bildet und gegen den sich rasch und heftig Widerstand regte. Denn in den verlassenen alten Industriebauten, den Gewerbehöfen und auf den Brachen längs der Ufer hatte sich längst eine Undergroundkultur mit Diskotheken, Clubs und Strandbars entwickelt, die nun unter dem Banner „Mediaspree versenken" gegen die Investorenpläne Sturm liefen – letztlich vergebens. Ein Spaziergang die Spree hinauf ist lohnend, auch wenn der geplante Uferweg erst in Abschnitten realisiert ist.

Hotel „nhow Berlin" am Osthafen

Die meisten beachtenswerten Gebäude liegen am rechten Flussufer. Dazu gehören – von der Jannowitzbrücke aus gesehen – die Bürotürme „Trias" (Lucia Beringer und Gunther Wawrik 1992–96, heute Hauptverwaltung der BVG), das Radialsystem V (ein ehemaliges Abwasserpumpwerk, das 2004–06 nach Plänen von Gerhard Spangenberg erweitert und zu einem Veranstaltungshaus umgestaltet wurde) und das Energieforum. Hier erweiterten die Hamburger Architekten Bothe Richter Teherani einen Altbau um einen völlig anders gearteten Neubautrakt (2000–02). Eine neue Skyline (großes Foto) entstand mit der 13-geschossigen Mercedes-Benz-Vertriebszentrale (2011–12 Gewers & Pudewill) und dem ungewöhnlich gestapelten Turm „Living Levels", der 45 „Luxuswohnungen" beherbergt (2012–15 nps Tchoban Voss).

Ebenfalls am Osthafen: Bürohaus „Labels 2"

Architektonisch belanglos ist Berlins größte Multifunktionshalle: die 2008 eingeweihte

Arena am Ostbahnhof. 17 000 Zuschauer finden hier zu Konzerten, den Eishockeyspielen der Eisbären und den Basketballspielen von Alba Berlin Platz.

Hinter der neugotischen Oberbaumbrücke wurde 1907–13 der Osthafen angelegt. Die alten Lagerhäuser längs der Kaimauer wurden ebenfalls ab 2000 zu Büros umgebaut: Das „Eierkühlhaus" von 1928 / 29 wurde zur Deutschlandzentrale der Firma Universal Music, in die alte Lagerhalle West zog der Fernsehsender MTV Deutschland. Die Lagerhalle Ost wird von Modeunternehmen genutzt. Neu hinzugekommen sind das ebenfalls von Modefirmen genutzte Bürohaus „Labels 2" mit der auffälligen grünen Betonfassade (2008 / 09 vom Baseler Architekturbüro HF) an der Elsenbrücke und das Hotel „nhow Berlin" mit einem spektakulär zur Flusskante hin auskragenden „Kranhaus" (Sergei Tchoban 2008–10). Bereits 1995–98 entstanden auf dem linken Flussufer das Büro-Ensemble „Treptowers" mit dem 125 Meter hohen Allianz-Turm (von Gerhard Spangenberg) und die 60 Meter hohen „Twin Towers" (Kieferle & Partner).

Architektur
Zeitgenössische Moderne
Adresse
Mitte / Friedrichshain / Kreuzberg, seit den 1990er-Jahren
Anfahrt
S Ostbahnhof

Niederländische Botschaft

Die niederländischen Bauherren hatten sich in den Bauplatz verguckt – ein Eckgrundstück am historischen Hafen mit Blick in die Friedrichsgracht, die einst von Niederländern angelegt wurde – und wünschten sich für ihre Botschaft ein architektonisches Ausrufezeichen, ein offenes, allein stehendes Gebäude. Die Bauvorschriften verlangten eine Blockrandbebauung bis zur Traufhöhe, in der zudem Wohnungen unterzubringen waren. Ein unlösbares Problem? Nicht für Rem Koolhaas, einen der innovativsten und wagemutigsten Architekten der letzten Jahrzehnte und Kopf des Rotterdamer Office for Metropolitan Architecture (OMA). Seit er Anfang der 1990er-Jahre wutentbrannt die Jury zum Potsdamer Platz verließ, weil er deren „kleinbürgerliches, altmodisches, reaktionäres und dilettantisches Bild der Stadt" nicht teilen wollte, hatte er noch eine Rechnung mit Berlin offen. Und die löste er mit seinem Wettbewerbsentwurf, der 2000–04 ausgeführt wurde, auf ungewöhnliche Weise ein.

Auf die Ecke des Grundstücks setzte Koolhaas einen glas- und aluminiumverkleideten Kubus von 27 Metern Kantenlänge – exakt die vorgeschriebene Traufhöhe. An die rückwärtigen Ränder des Grundstücks, als Verbindung zu den Nachbargebäuden, setzte er L-förmig einen schmalen Baukörper, dessen Außenwände mit engmaschigen Gitterplatten wie mit einem Gazeschleier verhängt sind. In ihm befinden sich die Gebäudetechnik und drei Dienst- und Gästewohnungen. Von der Klosterstraße führt zwischen Kubus und L-Trakt eine asphaltierte Rampe hinauf auf den höhergelegenen Hof, wo sich auch der Haupteingang befindet.

Nicht nur die Gesamtanlage und die Fassaden sind ungewöhnlich, auch das Innenleben des Würfels bricht völlig mit der herkömmlichen Idee eines Hauses. Es ist nicht in konventionelle Geschosse unterteilt, die einzelnen Räume sind vielmehr auf verschiedenen, insgesamt elf Ebenen gegeneinander versetzt. Verbunden werden sie durch den „Trajekt", einen fast 200 Meter langen Gang aus Rampen und Treppen, der sich durch das ganze Gebäude bis hinauf zum Dachgarten windet. Im oberen Teil des Kubus befinden sich die Wohnung des Botschafters, ein Fitnessraum, der allen Mitarbeitern offen steht, und die Kantine. Die meisten Wände im Innern sind betonsichtig belassen, nur wenige sind mit Holz verkleidet. Die an der Westseite auskragende dunkle „Skybox" gehört zum Sitzungssaal.

Architektur
Zeitgenössische Moderne
Rem Koolhaas / OMA 2000–04
Adresse
Mitte, Klosterstraße 50
Anfahrt
U Klosterstraße

Wohnhäuser in der Spandauer Vorstadt

Nach den Bombardierungen des Zweiten Weltkriegs und der Vernachlässigung in den 40 DDR-Jahren klafften in der Spandauer Vorstadt zwischen den für Berliner Verhältnisse kleinen, zum Teil noch aus dem 18. Jh. stammenden Häusern zahlreiche Baulücken. Sie wurden seit den 1990er-Jahren nach und nach geschlossen. Bei einem Spaziergang durch das Viertel findet man eine ganze Reihe von ungewöhnlichen und sehr gelungenen Lückenfüllern. Zum Beispiel das schmale Haus in der Augustraße 26a (großes Foto), das mit seiner Fassade das recht einheitliche Bild des Straßenzuges aufbricht, obwohl es bei genauerem Hinsehen in den Geschosshöhen genau auf seine beiden Nachbarn abgestimmt ist. Das Erdgeschoss birgt einen Laden, im ersten Stock befindet sich eine Wohnung, eine weitere erstreckt sich auf drei versetzten Ebenen darüber. Die Straßenfassade ist mit grünem Glasmosaik belebt und durchbrochen von vier großen Fenstern.

Wohnhaus in der Auguststraße 51

Ein anderes Beispiel ist das Haus Joachimstraße 5, das im Innern geschossweise in Absprache mit den einzelnen Käufern gestaltet wurde. Aluminiumlamellen sitzen als Sicht- und Sonnenschutz vor den raumhohen Schiebefenstern.

In der Joachimstraße 11 befindet sich das Berliner Büro des britischen Architekten David Chipperfield in einem von ihm selbst entworfenen Neubau. Das Vorderhaus schließt eine Baulücke auf unkonventionelle Weise, den rückwärtigen Teil des schmalen, tiefen Grundstücks besetzte Chipperfield mit vier kubischen Baukörpern. Sie alle sind nach außen sehr karg mit glatten Betonwänden und großen Fenstern gestaltet.

In den Obergeschossen des Hauses in der Auguststraße 51 erstrecken sich die drei Wohnungen über jeweils zwei Geschosse, wie an der Fassade gut abzulesen ist. Zu jeder gehört eine Loggia nach Süden, zur Straße hin. Der von einer Aluminiumhaut umschlossene Neubau auf dem Eckgrundstück Gormann-/Mulackstraße ist nicht geschossweise in Wohnungen gegliedert, sondern in drei Stadthäuser, die sich über vier Geschosse erstrecken.

Auch im Prenzlauer Berg sind zahlreiche Wohnhäuser mit ungewöhnlich gestalteten Grund- und Aufrissen entstanden, was sich oft an den Fassaden ablesen lässt. So wurde in der Choriner Straße 20/21 eine nur vier Meter breite Lücke im Bereich der oberen Geschosse durch eine Stahlkonstruk-

tion geschlossen, die über das Dachgeschoss am benachbarten Altbau aufgehängt ist. Die Kuben der einzelnen Geschosse beherbergen Küchen, Ess- und Badezimmer und sind gegeneinander verschoben. Und in der Esmarchstraße 3 entstand 2007–08 das damals höchste Holzhaus Europas. Nur die Treppe ist aus Brandschutzgründen in einen separaten Turm aus Stahlbeton ausgelagert.

Architektur
Moderne
Auguststraße 26a: Jörg Ebers 2002–04
Auguststraße 51: Grüntuch Ernst Architekten 2008–09
Choriner Straße 20 / 21: Florian Hoyer 2000–02
Esmarchstraße 3: Kaden Klingbeil 2007–08
Gormann- / Mulackstraße: HSH Hoyer Schindele Hirschmüller 2006–09
Joachimstraße 5: Abcarius + Burns 2000–01
Joachimstraße 11: David Chipperfield
Adresse
Mitte, Prenzlauer Berg
Anfahrt
U Rosenthaler Platz / U Senefelderplatz

Townhouses auf dem Friedrichswerder

Seit wenigen Jahren beschränkt sich innerstädtisches Wohnen auch in Berlin nicht mehr auf Etagenwohnungen in einer „Mietskaserne" oder einem Neubau, der eine kriegsbedingte Lücke schließt. 1996 begannen die Planungen für ein kleines, aber feines und extrem ungewöhnliches Wohnviertel in einer der besten Lagen: die „Townhouses" auf dem Friedrichswerder. Einst standen hier, in Berlins erster barocker Stadterweiterung, dicht an dicht an kleinen Straßen Wohn- und Geschäftshäuser. Nach den Zerstörungen des Zweiten Weltkriegs ließen die Stadtplaner der DDR alles einebnen – zwischen dem Büroviertel der Friedrichstadt und dem Baublock der SED-Zentrale, heute Auswärtiges Amt, erstreckte sich fortan grüner Rasen.

Während nach der Wiedervereinigung der Stadt ringsum ganze Straßenblöcke hinter einförmigen Bürofassaden verschwanden, entwarfen die Stadtplaner für diesen Bereich eine kleinteilige, architektonisch vielfältige Insel, auf der sich private Bauherren individuelle Stadthäuser zum Wohnen und Arbeiten errichten sollten.

Zwei Straßenblöcke wurden in 47 Grundstücke unterteilt. Sie sind zwischen 125 und 280 Quadratmeter groß, 4,50 bis 9,75 Meter breit und 13 bis 16 Meter tief. Die Häuser sollten mindestens vier, höchstens fünf Vollgeschosse aufweisen, ein- bis zweigeschossige Anbauten wurden auf der Hälfte der Grundstücke zugelassen. Jedes Haus verfügt über einen rückwärtigen Garten. Wohnen und Arbeiten unter einem Dach war als Ziel ausdrücklich festgeschrieben, der Wohncharakter des Gebiets durch eine prozentuale Beschränkung der gewerblichen nutzbaren Fläche allerdings gesichert.

2003 stellte das Land das Townhouse-Projekt vor, eine Woche später waren alle 47 Grundstücke reserviert. Die Grundstückspreise lagen wesentlich niedriger, als es der freie Markt zugelassen hätte: zwischen 120 000 und 340 000 Euro, ein Haus inklusive Grundstück sollte nicht mehr als eine Million Euro kosten.

Um das architektonische Niveau zu sichern, beauftragte die landeseigene Entwicklungsgesellschaft zunächst fünf Architekturbüros, „die Machbarkeit und Bewohnbarkeit derart schlanker, hoher Häuser zu testen". Bernd Albers, Johanne und Gernot Nalbach, Theo Brenner, Behles & Jochimsen sowie Abcarius & Burns entwarfen jeweils zwei Musterhäuser, die sich in der Grundriss- und Fassadengestaltung, der Materialwahl und im Charakter beträchtlich unterscheiden. Gemeinsam ist allen aber die unterschiedliche Ausprägung von Straßen- und Gartenfront. Auf Basis dieser

Modellentwürfe ließen sich die Bauherren dann von ihren eigenen Architekten ihr jeweils individuelles Haus entwerfen. Damit die Häuser nicht zum Spekulationsobjekt werden, mussten sich alle Bauherren verpflichten, ihr Haus für zehn Jahre nicht zu verkaufen.

Auf dem Straßenblock nördlich entstand 2007–10 das „Quartier am Auswärtigen Amt", fünf von verschiedenen Architekten errichtete Häuser mit Büros, Wohnungen und einem Hotel.

Architektur
Zeitgenössische Moderne
ca. 30 verschiedene Architekten 2004–10
Adresse
Mitte, zwischen Jägerstraße, Kurstraße, Alte Leipziger Straße und Nieder- / Oberwallstraße
Anfahrt
Bus 100

Jacob-und-Wilhelm-Grimm-Zentrum Berlin / Zentralbibliothek der Humboldt-Universität

Das Buch ist von gestern – die Zukunft liegt in Internet und E-Book, heißt es allenthalben. Doch noch ist es nicht so weit, und so erhielt zum vermeintlichen Ende des Buchzeitalters auch die Humboldt-Universität ihren eigenen, repräsentativen Bibliotheksbau. Einen Bau, der mit seiner Stringenz beeindruckt, verspielteren Nutzern aber auch die Luft nehmen kann. Denn der Entwurf des in Berlin tätigen Schweizers Max Dudler ist von einer geradezu gnadenlosen rechtwinkligen Strenge.

Terrassenförmiger Hauptlesesaal

Zwölf Zweigbibliotheken und die Zentralbibliothek, die bisher im rückwärtigen Teil der Staatsbibliothek untergebracht war, wurden hier zusammengeführt, und so entstand der größte zusammenhängend in Freihandaufstellung verfügbare Bibliotheksbestand Deutschlands – etwa anderthalb Millionen Bücher. Bei der Anlage des Gebäudes hat man aus den Erfahrungen der vergangenen Jahre gelernt. Im Zentrum des Baublocks, parallel zur Südfront, liegt der über fünf Etagen abgetreppte und durch ein Glasdach vom Tageslicht durchflutete Hauptlesesaal, dessen 250 Arbeitsplätze auf neun Terrassen angelegt sind. So kann der Blick schweifen, Durchgangsverkehr aber wird vermieden. An den Schmalseiten sind Einzelarbeitskabinen und Gruppenräume angelegt, ringsum befinden sich die Freihandbibliotheken. Die Etagen und einzelnen Bereiche sind zum Teil durch Glasscheiben voneinander separiert, um ruhiges Arbeiten in unmittelbarer Nähe zu den jeweils benötigten Bücherbeständen zu ermöglichen. 1250 Arbeits- und Leseplätze sind im ganzen Haus über sieben Geschosse verteilt, bis hinauf zum Eltern-Kind-Bereich mit Spielzimmer und Kinderbücherei über den Dächern der Stadt.

Die schiere Menge des Buchbestandes hat allerdings dazu geführt, dass man sich nur im Lesesaal und im zweigeschossigen Eingangsfoyer zumindest etwas von jener Großzügigkeit erlaubte, die Scharouns Staatsbibliothek auszeichnet. Ansonsten herrscht konzentrierte Enge, die dadurch verstärkt wird, dass Max Dudler den gesamten Bau bis hin zu den Tischen und Stühlen aus dem Raster der Regalmaße entwickelt und streng symmetrisch angelegt hat.

Was den Besucher erwartet, zeigen schon die Außenfassaden mit ihren scheinbar endlosen Reihen schmaler hochrechteckiger Fenster im marmorverkleideten Wandraster. Allein der Wechsel dreier Fensterformate – dahinter liegen Magazine, Leseplätze oder Sonderflächen – wirkt der Monotonie entgegen. Während niedrige Bauteile zu den Nachbarbauten überleiten, erhebt sich die südliche Hauptfassade ohne jeglichen Akzent hoch über die Berliner Traufkante.

Durch diese formale Stringenz gewinnt das Grimm-Zentrum aber auch seine besondere Qualität. Das Gebäude und die Innenausstattung sind von erstaunlicher Sorgfalt im Detail und von der geschmackvollen Wahl der Materialien geprägt. Die Böden sind mit Jurastein oder schwarzem Linoleum ausgelegt, die Wände und Decken weiß gestrichen, die Regaleinbauten und Wände des Lesesaals aus rötlichem Kirschholz gefertigt.

Architektur
Zeitgenössische Moderne
Max Dudler 2005–09
Adresse
Mitte, Geschwister-Scholl-Straße 3
www.grimm-zentrum.hu-berlin.de
Anfahrt
S / U Friedrichstraße

Zoofenster und Upper West

Türme und Hochhäuser haben eine merkwürdige Eigenschaft: Überragen sie ihre Umgebung, so wirken sie imposant. Stellt man ihnen höhere Gebäude zur Seite, dann scheint es, als habe man ihnen die Luft rausgelassen. So ist es am Joachimsthaler Platz geschehen, wo das Allianz-Hochhaus plötzlich gar nicht mehr hoch wirkt. Und so geschieht es nun am Breitscheidplatz, wo die beiden höchsten Gebäude der westlichen Stadthälfte emporgewachsen sind: das 2012 fertiggestellte „Zoofenster" (auf dem Foto links) nach einem Entwurf von Christoph Mäckler und das in seinem Namen auf New York anspielende „Upper West", dessen Pläne von Christoph Langhof stammen. Exakt 118,80 Meter sind sie angeblich hoch und damit 30 Zentimeter höher als der Steglitzer Kreisel.

Nun ist der Breitscheidplatz ziemlich luftig, doch wenn man vom Tauentzien kommt, ist es eine Frage der Betrachtungsweise, ob die Ruine der Gedächtniskirche nun von einem Kranz aus drei Hochhäusern (mit dem 103 Meter hohen Europa-Center) bekrönt oder verzwergt wird.

Für die Neubauten musste eines der Wahrzeichen aus dem Berlin der 1950er-Jahre weichen, das Schimmelpfeng-Haus, das sich als monumentaler Riegel achtgeschossig quer über die Kantstraße legte. Die einen sahen in ihm die unverzichtbare Rückwand des Breitscheidplatzes, die auch der Gedächtniskirche erst ihren Maßstab gegeben habe, für die anderen war es schlicht eine Bausünde, die Blickachse der Kantstraße auf diese Weise zu versperren.

Nun also schaffen zwei exakt gleichhohe Hochhäuser eine völlig neue Torsituation, die allerdings etwas skurril anmutet: Von der Kantstraße aus läuft der Blick buchstäblich ins Leere, die Gedächtniskirche liegt etwas versetzt und weiterhin unsichtbar genau hinter dem Hochhaus „Upper West".

Wie auch immer – das Zoofenster und das Upper West bilden ein Paar, wie es unterschiedlicher nicht sein könnte. Zwar wachsen beide aus einem sechs- bis achtgeschossigen Sockelbau auf, doch sind sie in Form und Fassadengestaltung ganz verschieden. Hier kantige, klare Formen, die den gesamten Baukörper einheitlich wirken lassen, dort Rundungen, tänzerische Unregelmäßigkeiten und ein deutlicher Gegensatz zwischen Sockel und Hochhaus. Hier eine steinerne Fassade mit klassisch geschnittenen Fenstern, dort eine netzartige Hülle aus Glas und hellem Blech ohne richtige Wandflächen am Hochhaus, während die Messingprofile der Fenster am Sockelbau an die 1950er-Jahre erinnern. Das Zoofenster, dessen Namen sich aus der über sieben Geschosse reichenden Glasfläche im oberen Be-

reich herleitet, wird ganz überwiegend vom Hotel Waldorf Astoria genutzt. Im Upper West dienen nur die unteren 18 Etagen als Hotel (Motel One), in den Etagen 19 bis 32 sind Büros untergebracht. Im 33. Stock entsteht eine Skybar.

Architektur
Zeitgenössische Moderne
Zoofenster: Christoph Mäckler 2008–2012
Upper West: Christoph Langhof 2014–2017
Adresse
Charlottenburg, Kantstraße / Joachimsthaler Straße / Hardenbergstraße
Anfahrt
S / U Zoologischer Garten, U Kurfürstendamm, Bus M49, X34

Humboldt-Forum

Es ist ein schmaler Grat zwischen Neubau und Wiederaufbau. Was wenige Jahre nach der Zerstörung – äußerlich dem Original angenähert – wiederaufgebaut wird, gilt als historisches Gebäude. Das Schloss Charlottenburg, die Staatsoper oder die Hedwigkathedrale etwa zählen im allgemeinen Bewusstsein nicht zu den Bauwerken der 1950er-Jahre, obwohl sie im Innern, auf den ersten Blick sichtbar, nichts Originales mehr zeigen.

Anders ist es mit Bauten, die lange Zeit verschwunden waren und plötzlich wiedererstehen. Da kommt dann sofort die „Moral" ins Spiel, von „Disneyland" ist dann die Rede, von „unehrlich" und „Potemkin". Wiederaufgebaute Bauwerke sollen eine „Identität" stiften, und welche Identität eine Stadt haben soll – darüber wird in jedem Gemeinwesen anders diskutiert. Der Wiederaufbau der Dresdner Frauenkirche war kein Streitthema, wohl aber der des Potsdamer Stadtschlosses. Undenkbar, dass man den eingestürzten Campanile des Markusdoms in Venedig 1902 modern wiederaufbaut hätte. Doch genauso wenig mochten sich viele Menschen vorstellen, dass man im Berlin des 21. Jh. einen zweckmäßig modernen Bau abreißt, um ihn durch die Kopie eines barocken Schlosses zu ersetzen. Doch wie so oft war die Lage hier mal wieder besonders kompliziert. Die vermeintlich salomonische Lösung: Das „Humboldt-Forum" wird ein Hybridbau, der auf drei Außenseiten Barockformen, zur Spree hin jedoch eine moderne Rasterfassade zeigen wird. Auch im Innern und in den Höfen verbindet der Italiener Francesco Stella, der Sieger des Wettbewerbs von 2008, alte und moderne Formen. 2019 soll das Humboldt-Forum als „Zentrum für Kunst, Kultur, Wissenschaft und Bildung" eröffnet werden.

Das Berliner Schloss um 1900

Äußerlich wird das Schloss in der Gestalt wiederaufgebaut, wie es 1945 ausbrannte und 1950/51, weil die neuen DDR-Machthabern es als Symbol des preußischen Militarismus verstanden, dem Erdboden gleichgemacht wurde: als großzügiger Barockbau aus dem frühen 18. Jh., dessen Gestalt der Hofarchitekt Andreas Schlüter für den Kurfürsten Friedrich III./König Friedrich I. entworfen hatte. Sein Nachfolger Eosander von Göthe verdoppelte den Bau in den gleichen Formen noch einmal, August Stüler setzte dem Westflügel 1843–52 die Kuppel auf. Der Spreeflügel

allerdings stammte noch vom Renaissanceschloss aus dem 16. Jh., er wird nicht wiederaufgebaut.

1972–76 entstand am Ort des Königs- und Kaiserschlosses der „Palast der Republik", in dem sowohl die Volkskammer als auch ein großer Veranstaltungssaal und verschiedene gastronomische Angebote untergebracht waren und an den viele ehemalige DDR-Bürger durchaus positive Erinnerungen haben. 14 Jahre später wurde er wegen Asbestverseuchung geschlossen, 2003 beschloss der Bundestag, einen Neubau hinter den rekonstruierten Barockfassaden des Schlosses zu errichten. Baubeginn war 2013.

Architektur
Barock / Moderne
Francesco Stella z. T. nach Andreas Schlüter 2013–19
Adresse
Mitte, Unter den Linden 3
Öffnungszeiten
Humboldt-Box: Ausstellungen: Nov.–März 10–18 Uhr, Apr.–Okt. 10–19 Uhr
Anfahrt
Bus 100 Staatsoper

Glossar

Apsis (Plural Apsiden): halbrunde überwölbte Nische, im Kirchenbau oft als Abschluss des Chors, als Nebenchor oder Altarnische genutzt.

Architrav: unterster Teil des Gebälks.

Attika: niedriger Aufbau über dem oberen (Kranz-)Gesims eines Gebäudes.

Chor: der liturgisch und oft auch architektonisch wichtigste Bauteil einer Kirche, in der Regel der Ostteil. Im Gegensatz zum Gemeindebereich war der Chor – bei aufwendigeren Bauten der innere Bereich, der „Binnenchor" – den Klerikern vorbehalten.

Dorische Säule: älteste Säulenform ohne Basis und mit einfachem Kapitell. Der Säulenschaft ist aus mehreren runden Stücken (Trommeln) zusammengesetzt, verjüngt sich (leicht ausschwellend) nach oben hin und ist durch Hohlkehlen, sog. Kanneluren, gegliedert. Das dorische Gebälk besteht aus einem schmucklosen Architrav, einem sog. Metopen-Triglyphen-Fries (z.T. reliefartig geschmückt) und dem in der Regel mit Palmetten besetzten Kranzgesims.

Fiale: Gotische Schmuckform vor allem an Türmen und Strebepfeilern – kleines Türmchen aus vierkantigem Unterbau und spitzer Bekrönung.

Ionische Säule: schlanke, durch Kanneluren gegliederte Säule mit Basis und Volutenkapitell (durch zwei schneckenförmige Einrollungen gebildet). Der zugehörige Architrav wird aus drei übereinanderliegenden Schichten (ursprünglich Balken) gebildet, der Fries ist glatt und z.T. mit Reliefs versehen. Oft als „weibliche Ordnung" bezeichnet und für Bauten der schönen Künste benutzt.

Joch: rechteckige oder quadratische Untereinheit vor allem gotischer Räume, die durch ein Gewölbe überspannt und von vier Pfeilern umstanden ist.

Kapitell: oberer, oft aufwendig geschmückter Abschlussteil einer tragenden Stütze (Pfeiler, Säule, Dienst), leitet zum Gewölbe oder dem aufliegenden waagerechten Bauelement (Gebälk, Architrav) über.

Kolossalordnung: Säulen oder Pilaster, die über mehr als eines, meist zwei Geschosse aufsteigen (kolossale Pilaster oder Säulen).

Korinthische Säule: auf den ersten Blick ganz ähnlich der ionischen Ordnung, allerdings mit ganz anderen, aus sog. Akanthusblättern gebildeten Kapitellen.

Langhaus: längsgerichteter, der Gemeinde zugänglicher Bauteil einer Kirche im Gegensatz zum Querhaus und dem Chor, kann ein- oder mehrschiffig sein.

Laterne: oberer, meist durchbrochener türmchenartiger Aufbau einer Kuppel.

Lisene: flacher, schmaler Wandstreifen, als vertikales Gliederungselement einer Wandfläche vorgelegt.

Mansarddach: vor allem im Barock oft verwendete Sonderform des Satteldachs, bei der die Dachschrägen in zwei Teile gebrochen sind. Im unteren, steileren Teil sind oft Dachstuben (Mansarden) untergebracht.

Pilaster: mit Basis und Kapitell versehene schmale Wandvorlage im Gegensatz zur schmucklosen Lisene.

Polygon: Vieleck, z.B. die mehrfach gebrochene Außenwand eines Chors bei mittelalterlichen Kirchen (Chorpolygon).

Portikus: von Säulen oder Pfeilern getragener Portalvorbau, meist mit einem Giebel versehen.

Risalit: vorspringender, in der Dachzone meist betonter Bauteil, in der Mitte oder zu den Seiten einer Fassade (Mittel- oder Eckrisalite).

Rustizierung: Mauerwerk aus Quadern, oft durch Rillen im Putz nachgeahmt.

Säule: runde Stütze in klassischer Form mit Basis und Kapitell, im Gegensatz zum Pfeiler.

Säulenordnungen: von den Griechen entwickelte, von den Römern variierte Zuordnung einer bestimmten Säulenform zum oberen waagerechten Abschluss, dem sogenannten Gebälk, das sich wiederum in die drei übereinanderliegenden Teile Architrav, Fries und (Kranz-)Gesims untergliedert. Hauptformen: dorisch, ionisch und korinthisch.

Scheidbogen: im Kirchenbau – von zwei frei stehenden Pfeilern ausgehender Bogen, der zwei Kirchenschiffe voneinander trennt.

Tambour: Unterbau einer Kuppel.

Traufenhaus (auch traufenständisches Haus): mit der Längsseite des Daches zur Straße stehendes Haus, im Gegensatz zum giebelständischen Haus.

Trophäe: antike, in der Renaissance wieder aufgegriffene Dekoration mit Waffen, Standarten u.ä.

Vierung: im Kirchenbau – Schnittraum von Langhaus und Querhaus, leitet vom Gemeindebereich zum Chor über.

Register der Bauwerke

Register der Personen